W9-CLO-862

ALEXANDER GRAHAM BELL

ALEXANDER GRAHAM BELL

MUCHO MÁS QUE UN INVENTOR

por Marco Antonio Gómez Pérez

Grupo Editorial Tomo, S.A. de C.V.
Nicolás San Juan 1043
03100 México, D.F.

1a. edición, febrero 2004.

© Grupo Editorial Tomo, S.A. de C.V.
Alexander Graham Bell

© 2004, Grupo Editorial Tomo, S.A. de C.V.
Nicolás San Juan 1043, Col. Del Valle
03100 México, D.F.
Tels. 5575-6615, 5575-8701 y 5575-0186
Fax. 5575-6695
http://www.grupotomo.com.mx
ISBN: 970-666-916-7
Miembro de la Cámara Nacional
de la Industria Editorial No 2961

Proyecto: Marco Antonio Gómez P.
Diseño de Portada: Trilce Romero
Formación Tipográfica: Servicios Editoriales Aguirre, S.C.
Supervisor de producción: Leonardo Figueroa

Ninguna parte de esta publicación podrá ser reproducida
o transmitida en cualquier forma, o por cualquier medio
electrónico o mecánico, incluyendo fotocopiado, cassette, etc.,
sin autorización por escrito del editor titular del Copyright.

Impreso en México - *Printed in Mexico*

Contenido

Prólogo

"¿**Z**umba siempre así? Siempre. Esa canción no se detiene nunca, porque es la canción de la vida y la vida no se detiene. Esos hilos de cobre llevan noticias de nacimientos y de muertes, de guerra y de finanzas, de triunfo y de fracaso, de estación a estación, alrededor de todo el mundo".

Estas palabras referentes a la primigenia utilización práctica del teléfono, apenas son un leve esbozo de los grandes beneficios que se han dado a partir de la invención y comercialización de este aparato, sencillo en su formación, pero complejo antes de nacer del ingenio humano de Alexander Graham Bell. ¡Cuántos progresos se han dado a partir del 10 de marzo de 1876 con el funcionamiento del teléfono!, incluso para inventos que aún no se habían dado en esta fecha, como las transmisiones radiofónicas y televisivas, fax, Internet, satélites y hasta ¡comunicaciones ínter espaciales!, por mencionar las más destacadas

Como dice el biógrafo O. J. Stevenson sobre este maravilloso invento del siglo XIX: "Cuando nos damos verdadera cuenta de cómo se utiliza el aparato telefónico, espanta saber cuánto se habla por medio de él; cuántas palabras se vierten en oídos humanos en todo el mundo, en toda clase de idiomas; qué susurros, tartamudeos, risas, llantos, engaños, locuras, gemidos, súplicas, órdenes, ayuda, cuchicheos de amor. Al sonar la campanilla, el aparato hablará. ¡Tambores vacíos, címbalos resonantes! Si se condensaran todos los campanillazos, todos los "Hola", todas las llamadas equivocadas en miles de millones de cables en un solo segundo, ¡qué enloquecedor y maravilloso estrépito universal!"

El primer hilo parlante del mundo estaba durmiendo el sueño de los justos en el desván del taller de Charles Williams, donde Alexander G. Bell y Thomas Watson, fuera de horas de oficina, trabajaron esforzándose en dar una respuesta al estilo Hamlet: "Ser o no ser" y la única posible en este caso fue: ¡SER!

Y la modernidad ha acaparado sus múltiples usos, por ejemplo ¿cuántos tipos de teléfonos conocemos en la actualidad?: el rojo que comunica directamente a presidentes y mandatarios entre ellos, para arreglar asuntos de importancia mundial que pueden cambiar la faz del planeta si se toman decisiones equivocadas, como por ejemplo, entre los líderes de Estados Unidos, Rusia, China y países de la Unión Europea, claro sin olvidar los que integran las congregaciones árabe y africana.

Ahora bien, con la telefonía móvil, los celulares acompañan a los humanos por donde quiera que vayan. Probablemente, de haber vivido algunos años más, también los hubiera creado el genio sin par de Alexander Graham, con la ayuda de su inseparable Watson, tal y como si Bell fuera Sherlock Holmes y el doctor su colaborador, el querido Watson, con la diferencia de que Aleck y Thomas sí fueron seres reales.

En este mismo tenor, aún no sabemos cuántas aportaciones más proporcionará el teléfono creado por Graham Bell, ahora que ya existe el videoteléfono, en donde se puede hablar y mirar al interlocutor al mismo tiempo, sin importar tiempo ni distancia. Los celulares contienen melodías en lugar del timbre que caracteriza a los fijos y hasta imágenes y juegos para distraerse en momentos de espera, pero de que el teléfono tendrá mejoras y otras funciones, nadie lo duda.

Aun así, la aportación de Alexander Graham Bell es tan importante como el descubrimiento de la vacuna contra la rabia del doctor Louis Pasteur o el descubrimiento de la electricidad, y me atrevo a decir que incluso, como la llegada de los europeos al nuevo continente, así de tajante y así de importante es este invento del ingenio, tenacidad y terquedad de un hombre extraordinariamente normal, de sencilla vida familiar y simplemente genial.

Es preciso mencionar que, tal vez, lo que más satisfecho dejó a Alexander Graham Bell, incluso al parejo de la invención del aparato telefónico, fue su intensa labor en pro de los sordomudos, personas que durante muchos años estuvieron aislados por su imposibilidad de escuchar el más leve susurro o el sonido más fuerte, y que por esta razón, no saben como reproducir los sonidos.

También es pertinente decir que, gracias a este esfuerzo por permitirles integrarse al mundo de los "normales", nace la idea del teléfono, complementada para mejorar el ya existente telégrafo, y gracias a esto, muchos humanos con deficiencias auditivas vivieron y viven agradecidos con alguien tan especial como lo fue Alexander Tercero.

La humanidad está en deuda con él y su genio a toda prueba.

Billete escocés donde fue impreso el busto de Alexander Graham Bell.

1

Comunicación entre sordos

El matrimonio Bell habita junto con sus tres hijos considerados como inteligentes y sumamente simpáticos: Melville James (Melly), Alexander (Aleck) y Edward Charles (Ted), en una amplia casa de alquiler en las calle South Charlotte, en Edimburgo, Escocia, cerca del centro de la ciudad, un sitio poco atractivo y excesivamente ruidoso, por lo que Aleck y su amigo Ben Herdman, ambos de once años, prefieren estar en la granja del padre de éste último, ubicada a quince minutos de distancia.

Los Bell son una familia de profesores de dicción; aunque el abuelo, residente en Londres, en su juventud fue zapatero, como sus antepasados, en la ciudad universitaria de Saint Andrew, pero sus verdaderas dotes están en la comedia y la actuación, recitando de memoria obras de teatro como Macbeth, Hamlet y el Mercader de Venecia, entre otras, del escritor inglés William Shakespeare.

El abuelo Bell, una vez que contrajo matrimonio, deja su trabajo de zapatero y marcha hasta la ciudad para vivir en Edimburgo, Escocia. Ahí, para tener un trabajo digno, se emplea en papeles menores en el Teatro Real, descubriendo pronto que eso no es lo suyo, por lo que regresa a Saint Andrew como profesor de dicción, con mucho éxito por cierto, tanto, que le ofrecen que imparta cátedra en la misma Universidad, lo cual le permite abrir su propia escuela en Dundee.

El crecimiento profesional de Alexander Bell le permite residir en Londres, la gran capital del país, dando lecciones particulares, enseñando a leer a los jóvenes, a recitar, a usar correctamente el lenguaje corporal, a modular la voz, tomando en cuenta que la declamación es una forma de diversión bastante popular en la capital inglesa. Hay que agregar que el abuelo Bell lee en público parte de las obras de Shakespeare y enseña a corregir defectos como la tartamudez o la incorrecta pronunciación de las palabras, por lo que, muy pronto, su fama se extiende por toda la ciudad.

Tanta es su popularidad, que también es nombrado profesor de Elocución en la Universidad, gozando de la reputación de ser el mejor lector y declamador de su época. Aunada a esta sabiduría, en su juventud fue un hombre considerado en extremo bien parecido, de facciones expresivas, boca firme y nariz grande, ésta última, característica inevitable de los Bell.

Con el paso del tiempo, Alexander tiene dos hijos: David, quien enseña en la Universidad de Dublín y el profesor Alexander Melville Bell, quien vive en Edimburgo y es el padre de los tres hijos arriba mencionados. En tanto que la madre de estos chicos, diez años mayor que su esposo, muy raro en esa época, es una mujer independiente y tremendamente apegada a su familia, es una pintora con mucha habilidad, destreza y arte en sus manos, ya que lo hace con miniaturas; además, es maestra de dibujo y una excelente pianista que aumenta su virtuosismo por sufrir de sordera en grado extremo.

Alexander Melville Bell, padre de Graham, nació en esa misma ciudad escocesa en 1819 y es un respetado profesor que se dedica a la enseñanza de los sordomudos con un método denominado como lenguaje visible. A este curso acude una vez por semana Ben Herdman, el amigo de Aleck, por ser tartamudo, dando nacimiento a una hermosa y desinteresada amistad entre ambos inquietos chiquillos de escasos diez años.

El pequeño Alexander Bell, desde que nace el 3 de marzo de 1847, tiene una vida infantil normal, correspondiente a la naciente clase media escocesa; posee mucha creatividad, le encantan los juegos al aire libre y sobre todo, estar en el molino del padre de su mejor amigo, (conocido respetuosamente entre la comunidad como el señor Herdman). Posee, además, un excelente oído para la música, por lo que toma clases de piano desde hace algunos meses con un reconocido profesor, el mejor de Edimburgo, Augusto Benito Bertini.

Otro "miembro" de la familia que destaca es un perro *terrier* peludo, negro, con una mancha blanca en el pecho que contrasta con el resto de su cuerpo, sus patas cortas, el cuerpo largo y un eterno copete que le cubre los ojos de tal forma que parece que no le permite ver. A este personaje canino la familia Bell lo llama "Señor Perd" y es Aleck quien tiene la responsabilidad de darle de comer, bañarlo, y sobre todo, de jugar con él; es por esto que el agradable animal prefiere seguir más a su cuidador que a los otros hermanos.

Un día en que los amigos de infancia Aleck y Ben están en el molino tratando de cerrar las compuertas y cortar el agua que surte a toda la propiedad, su dueño, el señor Herdman, sale corriendo tratando de sorprender a estos inquietos chiquillos en su travesura, tal vez una de las más atrevidas. El molinero los encuentra y tras reclamarles su mala acción, les dice:

—¡Bandidos! ¡Salgan de ahí! Se los he advertido mil veces y parece que no saben leer. Ese letrero que dice: "Prohibido acercarse" ¡está especialmente hecho para ustedes! Tú, Ben, debes tener más juicio. ¿Qué te proponías con esa tonta acción?

—Solamente le mostraba el mecanismo a Aleck. Dice el pequeño en voz baja y la mirada puesta en el suelo.

—¡Aleck! Ya se entenderá su padre con él! ¡Y también le dará su merecido!

Alexander sabe que si el señor Herdman lleva una acusación a su padre de sus travesuras, será el fin de sus correrías por el molino y de su diversión, por lo que comenta al enojado molinero.

—Lo siento, señor Herdman. La culpa no la tiene Ben. Yo fui quien lo provocó.

—Ustedes saben que no puedo vigilarlos todo el tiempo y además me causan infinitos trastornos. Ésta no es la primera vez pero sí debe ser la última. ¿Por qué no hacen algo de provecho en lugar de molestar eternamente? Dice el señor Herdman ya más tranquilo y suavizando el tono de voz.

—¿Y qué podemos hacer? —Cuestiona Aleck.

—¡Hay mil cosas que pueden hacer... y otras cien que no!

El molinero enseña a los niños un puñado de cereal y les dice:

—¿Ven este trigo? ¿Observan algún detalle que no esté bien?

Los dos infantes, pero más Aleck, mira con atención el trigo y comenta.

—No se puede moler esto, ¿verdad, señor? Debe quitárseles el...

—Salvado —complementa el molinero—; y si tú encuentras alguna manera de hacerlo, serás de mucha ayuda y ya no un estorbo.

—Si usted me permite llevar un poco de este trigo a casa para intentar algo, con tres puñados serán suficientes.

—Muy bien, señor Bell —dice muy serio el molinero Herdman—. Con probar no perderás nada. ¡Buena suerte! Y no vuelvas a molestar otra vez con cerrar el agua o de lo contrario te voy a... —y el molinero no termina la supuesta amenaza. Da un portazo y deja solos a los chiquillos, quienes se despiden para encontrarse al día siguiente.

Alexander empieza en hurgar en su infantil e inquieta mente la posible solución al problema del salvado que le planteó el señor Herdman, pero tiene que dejarlo para más tarde porque en cuanto llega a su casa, Melville, su hermano, lo espera para que lleve a cabo su práctica de piano ya que tendrá un examen al día siguiente. Esto es confirmado por su madre, quien le dice que debe estar practicando el piano ¡inmediatamente! Y ya no protesta, sabe que será inútil y durante el resto del día toca la pieza musical de moda *La niña que dejé partir* e improvisa melodías en su instrumento musical preferido.

Por la noche, en su cuarto, tiene ante sí el cereal y el problema de cómo eliminar rápida y eficientemente el salvado del trigo. Revisa y mira las plantas detenidamente, piensa en las palabras de su hermano Melly de que es fácil quitar el salvado sencillamente frotándolo; así lo hace y funciona, pero para grandes cantidades es demasiado el tiempo invertido y poco práctico. Entonces mira hacia el piso, revisa lo que hay a su alrededor y se detiene cuando llega hasta sus botines: "¡Eso es!" piensa en voz alta, "Por qué no *cepillar* las cáscaras, tal y como lo hago con el barro de mi calzado, solamente necesito un cepillo con cerdas duras".

Inmediatamente, Aleck toma un viejo cepillo de un cajón y empieza su labor, las cáscaras se desprenden fácilmente y solamente hay que soplar para que el salvado esté lejos del cereal; pero sigue existiendo el mismo problema: al cabo de un par de horas ya tiene tres tazas con el trigo limpio, y sin embargo, el tiempo invertido en esa faena es demasiado. Mas un inconveniente como éste no lo detendrá y no cesa en su empeño, sabe que tiene que mejorar su invento o el señor Herdman no lo dejará estar en su molino nunca más.

Durante tres días el pequeño Alexander continúa mejorando su técnica y el cepillado, pero necesita platicar urgentemente con su amigo Ben de su descubrimiento. Una vez en el molino, le enseña todo el trigo que ha limpiado en ese tiempo y para que vea cómo se hace, cepilla más cereal enfrente de su compañero de juegos. Éste, curioso, le pide que le permita intentarlo, así lo hace y después se alternan el cepillando hasta que tienen una cantidad considerable que desean mostrarle al señor Herdman, pero al momento de enseñar prácticamente tal idea, los tres saben que es un trabajo, lento, agotador y sumamente cansado.

El molinero les dice:

—Tengo que dar con la manera de limpiar un quintal en un solo intento, ya que nos llevará todo el verano hacerlo con un cepillo como éste.

—¿Por qué no compras uno más grande? —Sugiere Ben a su amigo Aleck.

Pero éste no sabe en dónde conseguirlo. Piensa en todas las posibilidades que se le vienen a la mente y de pronto, con un gesto de alegría dibujado en su rostro, grita:

—Ya sé exactamente lo que necesito. En un rincón del patio del molino hay un viejo tonel forrado con alambre tejido y adentro hay una manivela que da vueltas a la rueda. Nadie sabe para qué sirvió alguna vez pero es lo que me hace falta por ahora. ¡Pongamos dentro el trigo, es más, que sea una bolsa completa y démosle vuelta a la manivela!

Entusiasmados, los dos chiquillos llenan con cereal el tonel y empiezan a darle vuelta con fuerza: las lengüetillas empiezan a arrojar el trigo contra la tela metálica y las cáscaras se desprenden del cereal como por arte de magia. En cuanto el señor Herdman ve esta prueba, parece que no lo convence el experimento de Aleck, pero conforme el tonel y su viejo mecanismo separan limpiamente el salvado, se acerca hasta el joven Bell, coloca una mano sobre su hombro izquierdo y sin dejar de mirar el improvisado pero eficiente aparato, le dice.

—¡Bien, muchacho! ¡Muy Bien!

Ese mismo día, el molinero hace construir un recipiente igual al del tonel pero de mayor tamaño y capacidad, con una rueda de lengüetillas que funcionan con energía hidráulica. Así, este es el principio de muchos años en que así se limpia el trigo del salvado. El ingenio y las muchas ganas de continuar jugando en los terrenos limpios, frescos y multicolores del molino, provocó en Alexander a improvisar un aparato que ayudó en mucho no sólo al molinero, padre de su amigo, sino a todos los campesinos de la localidad.

Quince días después, cuando el señor Herdman y el profesor Alexander Melville Bell se encuentran en la ciudad, el molinero le dice entusiasmado.

—Su hijo es un muchacho muy hábil. ¿Sabe que encontró la forma de quitarle la cáscara a nuestro trigo cuando la desgranadora no lo logra? Se le ocurrió la idea como un relámpago. **Algún día será un inventor**, o yo no sé nada de lo que digo. Un poco travieso, pero no tanto como para que sea un problema. ¿Cómo está en sus asuntos escolares?

—Es bastante holgazán. La mitad de su tiempo se la pasa soñando con grandes inventos, aunque le gusta la aritmética, detesta el latín y no quiere estudiar griego. Tal como sir Walter Scott cuando era un chiquillo como él, por eso lo llamaban "El alcornoque griego" —acota el profesor.

—No se lo reprocho. Después de todo, ¿para qué sirve el griego? Mándemelo a mí y yo haré de él un excelente molinero —dice orgulloso el señor Herdman.

Pero no recibe respuesta, ya que el padre de Aleck tiene planes muy diferentes para su joven hijo.

La enseñanza es primero

La familia Bell está dedicada a la enseñanza pero sobre todo para casos especiales, como la que requieren los sordomudos y este método les ha dado muchas satisfacciones, empezando por la esposa de Alexander Melville quien sufre de este mal. Cuando Aleck advierte los avances que tienen las personas que aprenden con su padre, en cierta ocasión en que están en su casa de campo "Milton Cottage", cerca de su sombría y ruidosa casa de Edimburgo, pasando la mayoría de las tardes de verano, el inquieto chiquillo pregunta a su padre:

—Papá, ¿por qué nuestro perro "Perd" no puede hablar?

—La verdadera razón es que no tiene nada que decir. Si observas, en cierto modo habla con las orejas, los ojos y hasta la cola. Sabe ladrar si algo lo excita o aúlla, gruñe, gime y a veces corre en círculos como enloquecido y hasta te entiende cuando le dices: "fuera", aunque él no pueda decirte lo mismo porque no necesita hacerlo.

—Eso está bien, pero me gustaría que "Perd" pudiera decir algo, como por ejemplo, el loro de la señora Jones puede hablar sin ser la mitad de listo que nuestro perro. ¿Podemos enseñarle a "Perd" cuando menos una o dos palabras?

—Creo que no, pero puedes intentarlo. Enséñale a pararse sobre las patas traseras y gruñir. Eso bastará para empezar. Cuando gruña, por poco que sea, dale un pedazo de pan o de algo que le guste. Si lo haces frecuentemente, pronto no hará otra cosa que gruñir. Si le das de comer y alientas cuando se porta bien, no te dará trabajo. Pero... debes ser paciente con el perro hasta que él sepa lo que tú deseas que haga. ¡Ah!, he olvidado lo más importante de todo: ¿qué dice "Perd" cuando gruñe? ¿A qué voz se parece ese gruñido? ¿Es O, A, I o alguna otra letra?

—Más bien parece una A. ¡Ah!, ¡Ah!, ¡Ah! No dice más que ¡Ah!

—Entonces, eso es suficiente para una lección, pero haz que continúe gruñendo y no le des comida si no lo hace.

A partir de ese día, el joven Aleck aplica las enseñanzas, recibiendo las primeras lecciones prácticas de parte de su padre, quien, al estar junto al animal, el señor Bell lo toma del hocico abriéndole y cerrándole las mandíbulas cuatro veces, al mismo tiempo en que le dice a su hijo Aleck.

—Escúchalo, ¿qué está diciendo ahora?

—Creo que dice: Ma-má, eso es, Ma-má.

—Correcto. Ahora prueba tú. No tengas miedo, no te morderá. Todo lo que quiere es ese pedazo de torta. Oblígalo a hacerlo una y otra vez; un perro no aprende rápido, tiene que repetirlo constantemente tal y como lo haces tú con el latín.

—¡El latín! —interviene Melly, hermano de Aleck, en tono de burla— ¿Cómo aprendes tú el latín, hermanito: *Amo, amas, amat...* Si lo haces bien habrá que darte un pedazo de torta más grande.

Aleck no dice nada, pero con la mirada indica a su metiche hermano que mejor desaparezca o habrá un problema serio entre ellos. El padre de los hermanos Bell interviene continuando con la lección.

—Vamos Aleck, tienes que enseñarle una acción a la vez. No debes desanimarte pronto porque la práctica es larga y constante hasta que se acostumbre. Recuerda: si no gruñe... no hay torta de recompensa.

Este tipo de enseñanza paternal, va formando el carácter en Alexander Bell, quien sabe que la constancia y dedicación son los mejores elementos para tener altos logros en la vida, aunque ahora solamente desea hacer "hablar" a su querido perro "Perd". También aprende que, al progresar en las lecciones, el asunto puede ser más difícil, como en este caso, ya que al animal no le gustan estas extrañas demostraciones de "¿qué es lo que quieren?" y gruñe con más fuerza.

Aleck escucha a su padre cuando éste tiene a "Perd" sujetado por la garganta.

—Quiero cerrarle el paso del aire al igual como tú lo haces con el paso del agua de un grifo. Te mostraré cómo debes hacerlo. Apriétale la garganta entre las mandíbulas mientras está gruñendo, hasta que diga: "Ga... ga...ga". Ahora tú, Aleck, una y otra vez, así como estudias el latín. Esto requiere de mucha práctica. Cuando lo haya aprendido, avísame, con otra lección bastará.

La siguiente lección es más complicada, ya que Aleck debe sostener los labios de "Perd", estrechándolos y redondeándolos de tal forma que se escuchen sonidos parecidos a los de la A y U. Este ejercicio requiere de mucha paciencia y una cantidad igual de panes, hasta que finalmente, el pequeño animal gruñe y de su garganta brotan unas palabras parecidas a la A y U.

Así, unidos ya los otros dos hermanos Bell a Aleck: Melly y Ted, los tres se esfuerzan por darle coherencia a estas palabras sueltas, hasta que por fin creen que el pequeño "Perd" puede decir en inglés algo parecido a *Ow-ah-oo-mama?* equivalente a *"How are you, Grandmama?"*, es decir, *¿Cómo estás, abuela?* y aunque todo esto es muy forzado, por fin Aleck obtiene una respuesta a su pregunta de si un perro puede aprender a hablar.

—Eso es todo, Aleck —dice su padre—; ni siquiera es un lenguaje canino pero no se puede hacer nada más.

Esto no es suficiente para el inquieto adolescente, que continúa con la práctica de las lecciones aprendidas, no solamente por el animal sino también por él, hasta que logra que el can emita los sonidos asimilados tan rápido como él mueve los dedos en su garganta. Sin embargo parece que las palabras que salen del hocico del perro no significan lo mismo para él que para su joven maestro, ya que seguramente al can le significa: "Dame más pan", y pronto da muestras de querer hablar sin la ayuda de su fiel amo para pedir más alimento.

Pero este acontecimiento no es algo que pase todos los días en la ciudad de Edimburgo, y pronto "Perd" se convierte en la novedad del vecindario y más allá, pues todos los días hay visitantes inesperados queriendo escuchar como un pequeño perro puede estar preocupado por la salud de la abuela, solamente que sea un animal muy inteligente, como creen que es en este caso.

Visita inesperada

Una tarde en que Aleck regresa de la escuela, encuentra a su padre encerrado atendiendo a una visita que parece muy importante. Por esto, pregunta a su hermano Melly, quien parece que siempre está enterado de todo.

—¿Quién es? ¿Acaso tartamudea y por eso está con nuestro padre?

—No. No le pasa nada. Es amigo de papá desde hace muchos años; parece que es un compañero de la escuela, quien ahora vive en Londres, y además, posee plantaciones en un país o isla llamada Cuba, creo.

—¿Cómo se llama?

—No lo sé con exactitud, me parece que Graham, aunque papá lo llamó Aleck.

—¿Otro Alexander? —dice con desilusión el joven Bell—. Cómo quisiera que mis papás me hubieran elegido otro nombre.

—Tal vez, pero eso no tiene remedio. El nombre te lo pusieron por el abuelo y no puedes cambiarlo.

—Lo que me importa no es el nombre sino que existan tres idénticos: Alexander I, II y III. No me gusta que me confundan con el abuelo. Si tuviera dos nombres como tú, sería mejor. Si no te agrada Melville o Melly, puedes llamarte James, pero yo sólo Alexander, a secas.

Al salir de su encuentro los adultos, Aleck queda gratamente impresionado con el visitante y además también de su nombre: Graham. Está a pocos días de llegar a los once años, fecha coincidente con el cumpleaños de su abuelo; entonces, ¿por qué no adoptar el nuevo nombre? La idea echa raíces en su mente hasta que la comunica a su hermano Melly, quien de inmediato va con su madre a comentárselo.

—Dice Aleck que se va a cambiar el nombre.

—¡Qué tontería! ¡Con seguridad es otra de sus excentricidades! ¿Qué pasa con ese muchacho? ¿Cambiarse el nombre? Estoy segura que no habla en serio.

Pero la señora Bell sigue con esta idea en su mente, no es que tenga algo en contra de Graham, sino que le molesta y perturba la independencia y seguridad de Aleck conforme pasa el tiempo, por lo que, al comentárselo a su esposo, éste dice.

—El nombre no es feo. Alexander Graham es un viejo y querido amigo mío y a él le agradará mucho saber que nuestro hijo adoptará su nombre. Alexander es un nombre de familia desde hace muchos años. Siempre ha habido Alexander en la familia Bell, además, ¿qué dirá el abuelo? Seguramente se ofenderá mucho. No, que no haga eso mientras viva el abuelo.

Al paso de los días, esta conversación se repite constantemente entre padres e hijo, hasta que en cierta ocasión, la mamá dice:

—El muchacho no hace nada malo con querer elegir su nombre, lo que no le gusta es que existan tres Alexander. Déjalo que se haga llamar Graham, si así lo desea, aunque será solamente por lo extraños, porque para nosotros siempre será Alexander —insiste la señora a su esposo.

—Está bien, como quiera. Pero que no lo sepa el abuelo. Recuerda que el nombre lo recibió de él.

El primer paso ha sido un éxito, aunque ahora la batalla es contra los hermanos de Aleck: Melly y Ted. Ellos siempre que pueden lo provocan llamándolo "Alejandro Magno", pues parecen ignorar que, para conquistar al mundo, no hace falta un gran ejército sino una gran inteligencia y espíritu de servicio a la humanidad, dos elementos que Alexander tiene de sobra. Así, a partir de su cumpleaños once, Alexander Graham Bell es el nuevo nombre, para los de fuera de la familia, para los de dentro, él seguirá siendo Aleck, mismo apelativo que, años más tarde, cambiara la grafía por la de Alec.

Otro cambio para Alexander Graham: ahora de ciudad

El abuelo Bell vive, desde hace varias décadas, en una calle sumamente tranquila situada frente a Harrington Gardens, un hermoso lugar para vivir, hasta que sobrevino la muerte de su esposa, quedando terriblemente solo en medio de una enorme ciudad que empezaba a querer devorar a todos sus habitantes. A partir de esta fúnebre fecha, el abuelo va por la vida arrastrando su pena y dolor.

Un día inesperadamente recibe la visita de su hijo Alexander Melville, quien llega desde Edimburgo para pasar un fin de semana juntos. De entre sus amenas charlas, destaca la vida de sus nietos, por lo que pregunta el abuelo por uno en especial.

—¿Cómo está Aleck en la escuela?

—No muy bien. En matemáticas tiene buenas notas, pero no le gusta el latín y no sabe nada de griego. No puedo entender por qué un muchacho detesta a Julio César. Un buen profesor debe ser capaz de dar vida a esa historia del joven conductor de hombres, hasta hacer olvidar a sus alumnos que se trata de latín. A los maestros acartonados de su época, el viejo Tom Carlyle los llamaba "Trituradores de gerundios sin una brasa viva en su interior".

—Y ¿qué piensas hacer con él? ¿Un profesor de dicción?

—Siempre tuve esperanza en eso. Tiene que ser nuestro sucesor: Alexander Bell Tercero, maestro de Elocución, pero su interés está en las cosas raras, colecciona mariposas, insectos, flores y protesta para todo lo que es trabajo, con excepción del piano, ya que su ambición en la vida es llegar a ser un gran pianista y concertista.

—No —dice el abuelo pensando en voz alta—. Eso no sirve. Aleck tiene que aprender latín y griego. Si ha de ser profesor de dicción es imprescindible que aprenda todo lo referente a las palabras. Nada hay como el latín para enseñar a un chico a pensar con claridad y expresarse correctamente y con exactitud. Y Aleck debe empezar en seguida a ejercitar la voz, a estudiar la manera correcta de leer y recitar. Me gustaría poder ayudarlo yo.

—Que te parece si me lo envías aquí, a Londres; déjalo en mis manos por seis meses... o un año —agrega el abuelo

Bell—. Si quiere aprender y se aplica, haré algo por él. Para un muchacho como Aleck no hay nada mejor que un año en Londres; tal vez a fin de este año entienda mejor qué es lo que quiere en la vida. Yo lo orientaré. Permítele que venga.

—Su madre lo va a echar mucho de menos —protesta levemente el profesor—. Además, están sus lecciones de música que tanto disfruta. Pero no podemos ni debemos cruzarnos en su camino. Es una oportunidad para el chico y debe aprovecharla.

Desde luego que abuelo y padre de Alexander no saben que el destino le tiene reservado al tercer Alexander otros caminos y senderos, lejos de su natal Edimburgo y para beneficio de la humanidad. Mientras tanto, Alexander Melville le comenta a su hijo lo que habló con el abuelo, por lo que le pregunta:

—¿A Londres? ¿Yo? ¿A casa del abuelo? ¿Londres?... ¿Cuándo debo partir?

—En cuanto estés listo. Eres un muchacho con suerte. Ya quisiera yo haber tenido esa oportunidad —insiste su padre—. El mismo abuelo te instruirá, tú sabes que él ha sido maestro toda su vida y con él sí tendrás que estudiar mucho.

El pequeño Aleck poco a poco asimila la importancia de este cambio, por lo que piensa: "¡Londres! Lo que muchos chicos soñamos con ver: cincuenta ciudades en una sola y hasta duplicadas. Algunas veces he soñado con ello y ahora ¡esto es una realidad! Ni hablar, allá hay que estudiar latín, qué remedio, pero ¿quién me lo enseñará? ¿el abuelo? ¿él tendrá piano? ¿qué haré todo el día mientras no esté el abuelo en casa? ¿y los domingos? ¡Ojalá estuviera acompañado por mis hermanos Melly y Ted!"

Es tal su abstracción que su padre le dice algo sin que Aleck le ponga atención: "Este muchacho está soñando y no me extraña. Ya se está haciendo grande. Veremos que hace Londres por él".

el cine, la radio, el fonógrafo, la televisión, videojuegos y descubrimientos posteriores.

Por esto, Aleck aprende pronto a pronunciar correctamente las vocales: detalle de importancia vital en el inglés, idioma en que cada vocal representa varios sonidos. Sabe darle una fineza especial a su voz con la modulación de cada palabra pronunciada, y una vez listo en este menester del "bien decir y mejor hablar", cree que está preparado para asistir a sus propias clases para instruirse por sí solo a corregir defectos de dicción y a cómo leer en público.

Con el paso de los meses, el acervo cultura de Aleck se incrementa día a día, escucha con atención la lectura de historias, muchas favoritas de su padre, como *Horacio en el puente*, *La carga de la brigada ligera*, *La canción de Navidad* de Charles Dickens, una de sus preferidas y por supuesto, el infaltable, William Shakespeare, de quien el adolescente Alexander sabe de memoria algunos de sus grandes monólogos: uno en particular, el predilecto del trío de Alexanders: "Ser o no ser" cuando en la obra Hamlet considera seriamente en suicidarse.

No lo sabe aún el joven Bell pero este dilema se le presentará años más tarde, y para resolverlo, recordará cada palabra, cada entonación que su abuelo le imprime en particular.

Pero, ¿a qué otras actividades educativas puede dedicarse un chico adolescente como Alexander Graham Bell que no provenga de su abuelo? Londres está lleno de ellas, como visitar la Abadía de Westmister, la Cámara de los Comunes, la catedral de San Pablo, la Plaza Trafalgar, la Torre con todo y su fantasma y para diversión y distracción están el zoológico, el museo de madame Tussaud y varios sitios más.

En una ocasión en que el abuelo lleva a Aleck a escuchar al más famoso predicador de esa época, conocido como Spurgeon, escucha una parte de la obra *El nuevo cántico y la antigua historia* que lo cautiva, por tratarse sobre la oratoria y comunicación humana: *¡Qué noble instrumento es la voz humana! ¡Cómo puede cautivarnos con un leve susurro, o sacudirnos y conmovernos cuando se eleva como el trueno! ¿No es nuestra lengua algo maravilloso de la estructura humana? Todos los instrumentos inventados por los hombres son broncos y desafinados si se comparan con la incomparable dulzura de la voz humana.*

Ni que decir que el año que Alexander Graham Bell pasa en Londres al lado de su abuelo lo ha transformado de un muchacho despreocupado e ignorante en un joven estudioso, interesado en mejorar su nivel educativo y capacitarse para la enseñanza superior. Finalmente, el propósito se ha cumplido. Si no es profesor, cuando menos que tenga la cultura suficiente para seguir siendo un orgulloso ser humano que lleva el apellido Bell con la frente en alto.

Junto a estas inmejorables enseñanzas granpaternales, lo que hace la ciudad de Londres en sí, ya es educativo: sus monumentos llenos de historia, las personas siempre caminando de prisa, la gente famosa que visita la urbe. Todo, absolutamente todo, marca la vida futura de Aleck; aprender del maestro y hacerlo con estudio y dedicación son las mejores armas con que lo dotan su abuelo y la ciudad donde vive un año que, materialmente, cambió no sólo su forma de ver la vida sino la suya también. Está en la adolescencia, su cuerpo alcanza más estatura y grosor, lejos de la obesidad, y para cuando regrese pronto a su natal Edimburgo, la transformación en Aleck es tal, que probablemente será irreconocible hasta para su madre y hermanos.

El Profesor, padre de Aleck, decide ir a buscar a su hijo a la casa del abuelo por varias razones: necesita un descanso y distracción, salir de su rutina de trabajo y finalmente, para conocer de viva voz acerca de los posibles avances de su hijo bajo la tutela de mayor de los Bell, y tomando en cuenta lo estricto y severo que es él, el informe revela que el alumno ha progresado mucho en sus estudios, llenando de alegría y satisfacción a su padre.

Un día antes de partir de Londres hacia Edimburgo, los tres Bell acuden a ver un nuevo artefacto llamado "La máquina parlante" que el amigo de la familia, Charles Wheatstone, ha llevado a la ciudad desde Viena. Desde su primera exhibición la gente acude llena de curiosidad por conocer esa "maravilla" y los profesores y el alumno desean conocer personalmente ese aparato.

Una vez que revisan "la máquina parlante", Aleck, lleno de dudas y curiosidad, pregunta a su padre:

—¿De verdad puede hablar?

—No —responde tajantemente el Bell de enmedio—. No puede, pero si le das cuerda y la pones en marcha, reproduce ciertos sonidos que parecen palabras, aunque los repita una y otra vez. Toma en cuenta que cada determinado tiempo aparece alguien afirmando haber inventado una máquina capaz de hablar. Hace algunos años, uno de esos inventores ideó una máquina que podía no sólo hablar sino también jugar a las cartas, sumar, restar y recitar tablas de multiplicación, pero curiosamente ¡no sabía dividir! Y es que todo se debía a un fraude: dentro de la dichosa máquina estaba un enano quien hacía todo el trabajo pero tenía serias dificultades con las divisiones y así se descubrió ese timo.

—Pero ¿esta máquina sí produce sonidos, verdad? ¿qué dices? ¿cómo lo hace?

—Sinceramente no lo sé. Sabré algo más cuando la vea y escuche. En el interior, donde se origina el sonido hay tubos y cada uno de ellos produce un sonido diferente. Hay uno para la letra A, otro para la E y otro para la O; los hay también para la P, M, y R. Reuniendo esos sonidos, de distinto modo, se obtienen diversas palabras. Algunas de ellas son: "Ópera, astronomía, Constantinopla, *Vous êtes mon ami, Je vous aime, Venez avec moi, Augustus Imperator*. Si escuchas bien esas palabras notarás que los mismos sonidos se utilizan una y otra vez, en diversas combinaciones.

"En realidad, todas esas máquinas tienen algo de trampa porque realmente no pueden hablar, pensar, hacer preguntas ni contestarlas; solamente pueden producir sonidos como loros; mañana repetirán exactamente las mismas palabras que hoy, como hace nuestro perro "Perd". Son máquinas automáticas: eso es lo que son.

—¿Automáticas? ¿Qué significa eso? —continúa con su interrogatorio el adolescente Bell.

—Es una máquina que funciona por sí misma, como un reloj despertador que repite lo mismo una y otra vez, mientras le sigas dando cuerda. "Auto-mática" significa que "se mueve por sí". Deberías saber algo de griego.

—¡Hum! —exclama Aleck— ¡Ya es bastante malo el latín!

—En Irlanda, un hombre inventó cierta vez un reloj que tenía en la esfera una puerta por la cual salía a cada hora un hombrecito provisto de un martillo que golpeaba una campana y decía con voz chillona: "La una", "Las dos" y así sucesivamente, día y noche, era una máquina automática.

—¿En dónde está ahora? Me gustaría mucho verla.

—El viejo la desarmó. Perdía tanto tiempo mostrándola a los visitantes que le resultaba imposible atender su trabajo.

Así, con muchas ideas dándole vueltas en la cabeza, el ya adolescente Alexander Graham Bell regresa a su casa en Edimburgo, Escocia, en compañía de su padre sin olvidar su eterno agradecimiento al abuelo, quien le ha dado bases sólidas para continuar con sus estudios y obtener grandes logros en su vida. Nunca se arrepentirá de ello.

El "hombrecito parlante"

Las primeras noches que pasan juntos nuevamente los miembros de la familia Bell, Aleck es quien acapara la atención de todos durante las cenas, ya que platica a detalle todos los acontecimientos que vivió al lado de su abuelo en su casa de Londres, pero cuando comenta a los demás sobre "la máquina parlante" aparecen caras de asombro entre sus hermanos, e incluso en su madre. Es Melly quien comenta entusiasmado:

—¿No están de acuerdo en que si nos lo proponemos podemos construir un hombrecito parlante? No exactamente como el que vieron en Londres, sino uno que tenga boca, garganta, pulmones y cuerdas vocales. Sería muy interesante intentarlo, ya que si otros pueden hacerlo, nosotros tendremos que poder, pero me interesa saber cómo fue hecha esa máquina.

—En el mercado —comenta Ted, el menor de los hermanos—, hay un teatro de títeres en donde los muñecos hablan.

—¡Bah! —dice despectivamente Aleck— ¡Títeres! Esos no hablan y ni siquiera son automáticos. Yo vi cómo el hombre tiraba del hilo que mueve los labios. El que hablaba era él, ya que sabe emitir voz manteniendo los labios casi cerrados todo el tiempo, es un ventrílocuo.

—Es cierto, es una de esas personas que habla con el vientre —interviene el profesor Bell—. Eso significa la palabra "ventrílocuo". Pero sigamos con ese "hombrecito" que proponen construir. Me gustará que lo intenten y para cuando lo terminen, le daré una guinea* a aquel de ustedes que haga el mejor trabajo... aunque el muñeco no diga una palabra. Recuerden, tendrán que estudiar todo lo relacionado al sonido y la formación de palabras. Lo más importante son los labios, la boca y la garganta y el hombrecito no podrá decir palabra alguna mientras no tenga también un buen par de pulmones y pueda usar la lengua.

La labor de construir un "hombrecito parlante" no la hubieran emprendido los hermanos Bell de saber la cantidad de dificultades que encontrarían en su titánica tarea, misma que recayó solamente en Melly y Aleck, ya que Ted

---

* La guinea es una antigua moneda de oro inglesa, equivalente a veintiún chelines. Se acuñó hasta 1813 y hoy es solamente una moneda para contar. Y un chelín es una moneda de plata equivalente a la vigésima parte de la libra esterlina. En otros términos, es una moneda de veinte centavos. En total, una guinea es igual a 4.20 libras.

era demasiado pequeño para entender muchos términos del cuerpo y sobre los materiales a utilizar. Lo primero era saber qué partes haría cada quien, conocer a detalle los órganos del habla y después encontrar materiales similares, pero sobre todo, la idea de ganarse una guinea rondaba en sus mentes, ¡era mucho dinero para ese tiempo!

Aleck piensa, reflexiona y estudia durante mucho tiempo sobre el cómo confeccionar una lengua flexible; ensaya con distintos materiales hasta que encuentra una solución: "Ya está. Con un poco de algodón y una delgada cubierta de goma por encima, la lengua será blanda y flexible. Nos estamos acercando".

Por su parte, Melville logra construir la laringe de hojalata, acoplada a un tubo flexible a modo de tráquea, y entre los dos aprenden la manera correcta en que son emitidas las palabras por los humanos, incluso, Aleck comenta: "Es extraño cómo salen vacilantes las palabras de la garganta y cómo puede uno luego adaptarlas y reunirlas para decir exactamente lo que se quiere".

Así pasan varios meses, en los cuales los hermanos Bell se desesperan en ocasiones porque sienten que avanzan, pero muy lentamente. Acuden a su padre para pedirle consejos y éste se los da, a pesar de que les dijo que no lo haría.

Por fin, el "hombrecito parlante" está listo y tan perfecto como los dos muchachos pudieron hacerlo. Ya sólo falta reunir y ajustar las respectivas partes, y antes del momento crucial, todos están excitados. Cuando llega el día de la prueba, Melly pone en funcionamiento el fuelle que inyecta aire a las partes de la voz, empieza su incesante labor, se escuchan silbidos y otros sonidos irreconocibles, mientras que Aleck abre y cierra los labios del muñeco, al igual que lo hizo tiempo atrás con la mascota "Perd", para que se escuche algo más que la palabra "Ma...má" dicha con mucha dificultad. Lo intentan una y otra vez pero el hombre mecánico está totalmente negado para el habla.

—Yo sé por qué no habla —comenta Aleck con desalien-

Alexander Graham Bell.

to —, pero no puedo remediarlo. El hombrecito no tiene músculos, no puede abrir y cerrar la garganta, tocar con la lengua los dientes o el paladar, ensanchar las mejillas ni apretar los labios. Es como soplar en un silbato de lata, se obtienen sonidos pero no palabras.

Y cuando los muchachos están a punto de llorar por la rabia de la impotencia, ocurre algo muy curioso: el departamento de los Bell, situado en la parte baja tiene la puerta abierta del desván, de tal forma que cuando empiezan los experimentos con el muñeco, los chillidos que lanza "Ma...ma" se escuchan en las demás viviendas, pero deformados de tal manera que parece que es un niño quien llora preso de angustia extrema, por lo que una vecina abre la puerta de su casa y grita, mirando hacia donde parten esos lamentos: "¿Qué no pueden hacer callar a ese chiquillo?"

Está pregunta causa aún más revuelo entre la familia Bell reunida en el desván y las risas salen abiertamente de cada uno de los presentes. El padre de los muchachos está encantado por el esfuerzo y la obra de sus hijos, a pesar de que ellos consideran su experimento como un rotundo y total fracaso, por lo que les dice:

—Si el hombrecito pudiera hablar, les gritaría: "¡Muy bien!" pero como no puede, seré yo quien se los diga: ¡Muy bien muchachos! ¡Estoy orgulloso de ustedes!

Ahora, solamente falta definir quién es el ganador de la guinea, ¡tremenda decisión! ya que ambos han trabajado increíblemente bien: Melville es mejor obrero y Aleck planifica y plasma mejor las ideas, por lo que se conjuntaron a la perfección. Ante esta disyuntiva, el profesor toma la decisión más sabia: repartir el dinero entre los dos. Los hermanos están conformes, incluso, todos voltean a mirar al hombrecito parlante, como esperando que diga algo, pero por esta ocasión su silencio tiene una poderosa razón, no tienen una palabra que objetar. Ésta es otra gran aventura para Aleck, ni duda cabe.

3

Para crecer, un nuevo alejamiento de la familia

l transcurso de varios meses, Alexander Graham Bell se encuentra en el difícil paso entre la adolescencia y la adultez; quiere explorar ciertos lugares que le llaman la atención, tener dinero para sus gastos y satisfacer algunas de sus necesidades e inquietudes. Pero su padre ve en estos gastos un dispendio innecesario en su economía y aunque no tiene problemas económicos apremiantes, tampoco ve la obligación de gastar en "excentricidades", y lo que es peor, si da dinero a Aleck, tendrá que hacerlo con Melly y Ted, por lo que, lo mejor, es no hacerlo con ninguno.

Ante esta situación, Aleck no protesta, como buen hijo disciplinado, pero eso no le impide pensar en ganar su propio dinero, no importando que no sea poco. Esta inquietud es compartida por su hermano Melly, por lo que llegan a la primera pregunta para resolver su situación de dinero efectivo sin que le cueste a su padre: ¿qué actividad pueden llevar a cabo que les reditúe cuando menos una moneda de seis peniques? e inmediatamente, el joven Alexander comenta con entusiasmo, recordando los oficios del abuelo y su padre.

—Bueno, podemos dar recitales de la obra de Shakespeare: "Ser o no ser"; me sé muy bien esa parte, también

"La condición de la misericordia" y el monólogo acerca del día de San Crispín.

—No, Aleck, eso no servirá. La gente no va a pagar por escucharnos. Con papá es distinto porque él tiene el oficio.

—Entonces, enseñaré lo que he aprendido. Siempre habrá alguien que necesite que lo "desasnen" —dice el muchacho sin poder contener la risa.

—¡Eso es, Aleck! ¡Enseñarás latín! ¡Con eso puedes hacerte rico!

Es entonces cuando Aleck transforma su risa en una mueca de desaprobación: está enfrentando la cruda realidad de la vida de cómo ganarse el dinero suficiente para su sustento.

—No. Con eso tampoco haré nada. Vamos a ver los anuncios de *The Scotsman*, pues seguramente allí habrá algo que nos sirva.

Efectivamente, después de un mes completo buscando afanosamente una verdadera oportunidad para los dos jóvenes, por fin aparece un anuncio clasificado en donde solicitan en el colegio de varones Weston House Academy, en Elgin, Morayshire, a dos alumnos instructores para enseñar Dicción y Música a sus estudiantes. ¡Al fin la oportunidad esperada!, aunque los honorarios son reducidos, los colegiales disponen de tiempo para continuar sus estudios particulares.

Leen y releen el anuncio cuando menos veinte veces y en cada nueva lectura la idea los entusiasma más y más. Aleck dice con convencimiento.

—Yo puedo enseñar. He visto cómo lo hacen el abuelo y papá. Puedo dar clases de "lenguaje visual" (un sistema ideado por su padre con base en láminas donde se muestra gráficamente el movimiento de labios y lengua para la correcta pronunciación de palabras) y música, tal como el señor Bertini me enseñaba a mí, y si es necesario, también de aritmética.

—¿Y por qué no de una vez de Geografía?— dice sarcásticamente el hermano Melly, lo cual no es captado por Aleck.

—Así es, también puedo enseñar Geografía, si tengo que hacerlo, aunque la verdad no me gusta. ¿Dónde estará Morayshire?

Alexander tiene el atrevimiento de escribir una carta al colegio sin avisarle a su padre, quien definitivamente lo prohibiría. Ofrece sus conocimientos para enseñar Dicción y Música utilizando el "más probado de los métodos"; claro, tiene la precaución de no decir nada de su edad, 16 años, ni la de su hermano con 18. Pero al llegar a la parte en que tienen que dar referencias de sus estudios y de quien los avala, deciden que lo mejor es poner al mejor, a su padre, ya que para ellos, él es el mejor de todos... y no se equivocan.

Cuando la carta llega hasta el director del colegio Weston House, el señor Skinner, siente una enorme curiosidad por saber si estos jóvenes: Graham y Melville Bell son hijos o sobrinos del conocido y reconocido Alexander Melville Bell, y como desea aclarar sus dudas, escribe una carta al padre de los muchachos preguntándole si son familiares suyos y si tienen la edad y capacidad suficientes como para impartir la enseñanza especializada que solicita.

Por supuesto que al leer la misiva el profesor Bell, el enojo hacia sus hijos es más que evidente, por lo que inmediatamente los hace comparecer ante él.

—¿Qué se proponen con esta semejante treta? —interroga muy serio— ¿Qué pensará de nosotros el señor Skinner? Ya pueden comportarse de mejores modales. ¡Enseñar Dicción y Música! ¡Qué idea! Melly, a ti no te puedo dejar ir porque necesito mucho tu ayuda y además, no has tenido buena salud últimamente. Pero... ¿qué hacemos contigo, Aleck? ¿Crees seriamente que puedes enseñar?

—Puedo intentarlo —dice esperanzado el chico, quien ve una posibilidad de que su padre pueda acceder a tal petición—. En realidad necesito ganar un poco de dinero.

—Lo pensaré detenidamente. Ya volveremos a hablar de esto mañana —dice el profesor Bel mirando fijamente a Aleck, pesando en que el joven es inteligente pero apenas tiene dieciséis años—. Esta experiencia puede hacerlo entrar en la realidad, pues reportaría algún ingreso extra, y lo mejor, estaría orgulloso de él por su independencia y determinación.

El profesor Melville Bell escribe al director Skinner explicándole la situación y la edad de Aleck. Esto no resulta ser ningún inconveniente para que sea contratado como alumno instructor de Dicción y Música por un sueldo de ¡veinticinco libras anuales! más gastos de sostenimiento. El joven Bell, al conocer la doble resolución favorable, de su padre y del director del colegio, siente que está en las nubes; los días que faltan para su partida parecen de 48 horas y aunque siente pesar por tener que dejar el hogar donde viven sus padres y hermanos, y las clases de piano, cuando tiene que partir hacia Elgin, lo hace decidido, como todo un hombre y hasta con cierta arrogancia que lo hace ver chistoso ante los ojos de sus orgullosos progenitores.

El mejor medio de comunicación cuando la gente está lejos y separada por la distancia, en ese tiempo, es el correo (cuestión que el mismo Alexander Graham Bell se encargará en el futuro de mejorar considerablemente). Recibe cartas en las cuales su madre le comenta sobre las incidencias de la familia y hasta de las mascotas, sobre todo del travieso perro "Perd", que se perdió durante dos días. También le pide fervientemente que cuide mucho su salud, ya que le ha escrito el joven alumno y profesor del Weston House diciéndole que sufre de molestias en ojos y padece fuertes dolores de cabeza, a lo que la señora Bell, le dice, en ese tono cálido, estimulante y lleno de ternura de una madre que ama a sus hijos: "La enseñanza de la música y el canto es una de las ramas de la educación que más cansan; lo suficiente como para producir nerviosismo por sí sola".

Estas cartas, Alexander las guardará con mucho cariño durante el resto de su vida.

La enseñanza en Weston House es muy tediosa para Aleck por lo que complementa sus ratos libres estudiando sobre el sonido, para que, poco a poco, compruebe que la emisión de voz humana no es tan sencilla como lo creyó en un principio, sino que los músculos del cuello, las cuerdas vocales, la cavidad de la boca, dientes, lengua y huesos huecos forman un interesante conjunto en el que toman parte en la emisión y modulación de la voz.

Estos estudios lo llevan al análisis de la voz humana y a la experimentación con diapasones, para intentar descubrir las diferentes vibraciones que componen los diversos tonos de voz y de cómo difieren las vocales unas de otras. Está ya en el umbral del estudio del nuevo mundo científico: la resonancia, es decir, sonidos prolongados por vibraciones. Pronto entiende que, en tanto no domine y sepa todo lo concerniente a la vibración y resonancia, no avanzará más en sus estudios. Tanta pasión en este muchacho de tan solo dieciséis años, lo llevará muy lejos, tanto, que será uno de los benefactores de la humanidad por permitir y facilitar la comunicación entre hombres, mujeres y niños a distancia.

Cuando el año 1864 está en sus últimos días, Aleck renuncia a su empleo en Weston House por dos razones: estudiar latín y griego en la Universidad de Edimburgo y a las cartas de su madre en las que en cada ocasión, lo urge para que deje de enseñar y estudiar al mismo tiempo, y complazca a su padre para que continúe su aprendizaje cerca del hogar. Sin realmente desearlo, el joven Bell hace caso, pero en cuanto cumple los diecisiete años, recupera su primer trabajo, firmando para impartir sus conocimientos por otros doce meses.

Lamentablemente para esta familia unida, 1865 marca la muerte del abuelo Bell en su casa de Londres, provocando mucho dolor por su partida y una gran duda al heredero Melville, ya que, a sus 46 años, siente la enorme necesidad de continuar la obra de su honrado, tenaz y emprendedor padre. ¿Debe quedarse en Edimburgo, donde tiene un lugar muy bien ganado?, ¿o sería mejor dejar sus clases y otros compromisos a cargo de su hijo Melville para ir a Londres a proseguir la intensa labor del desaparecido Alexander Bell?

La decisión final es partir hacia Londres, donde lo esperan el éxito, los amigos y la fama; sin embargo, el profesor Bell no sabe qué hacer con su hijo Aleck, quien sufre mucho por la muerte del abuelo pero no desea dejar de impartir sus clases en Morayshire o suspender sus experimentos sobre el sonido, y aunque en West House no existe nadie con quien compartir estas inquietudes de la resonancia de la voz humana, esto no le impide continuar con estos análisis.

Cierto día de este año, 1865, en que Aleck Graham visita a su padre en Londres, éste le presenta a dos de sus mejores amigos, curiosamente, autoridades en cuestiones de sonido. Uno de ellos es Alexander John Ellis,(¡otro Alexander!) conocido en el país como distinguido lingüista, quien al conversar con Aleck se interesa vivamente en el muchacho y sus experimentos. Es tal la empatía entre ambos, que el científico lo invita a su casa para platicar acerca de otro gran científico, el alemán Helmholtz*, cuyas obras él ha traducido al inglés y que, al serle obsequiadas, el joven Alexander pretende, de inmediato, llevar a cabo los mismos experimentos que el sabio germano, empezando sus estudios sobre la electricidad.

El segundo personaje que el profesor Bell quiere que su

---

* Herman Ludwig Ferdinand von Helmholtz. 1821-1894. Fisiólogo y físico alemán. Profesor en las universidades de Bonn y Berlín. Son clásicas sus investigaciones en óptica y acústica en relación con la fisiología de la vista y el oído, y sus repercusiones psicológicas. Hace también importantes descubrimientos en electricidad.

hijo conozca porque considera que le será de mucha utilidad, es el viejo conocido sir Charles Wheatstone, quien gracias a su experiencia, es la persona que más sabe sobre el sonido, con excepción del mismo señor Ellis, por lo que pregunta el inquieto Aleck:

—¿Wheatstone? Ya me llevaste una vez a ver su máquina parlante que trajo desde Viena.

—Efectivamente. Es un hombre muy conocido y reconocido, pero sumamente modesto y que habla con completa naturalidad. En su juventud tuvo un establecimiento en el que vendía instrumentos musicales, de donde proviene su dedicación a estudiar el sonido. Después se interesó por la electricidad, por lo que sus descubrimientos e inventos lo han hecho un hombre famoso. Es una persona muy ocupada y no sé si podrá disponer de tiempo para conversar acerca de tus problemas, pero intentaré conseguirte una entrevista con él.

—¿Tiene algo que ver con el cable trasatlántico?

—Por él le otorgaron el título de "Sir". Sin sus experiencias con el telégrafo submarino nunca habría sido posible tender ese famoso cable.

—Pero ya está tendido y por eso, algún día podremos *hablar* por telégrafo.

Después de sonreír abiertamente por la "ocurrencia" de su hijo, dice:

—Será mejor que le preguntes eso a sir Charles. Él sabe todo lo referente a la materia. Hace cien años nadie habría soñado con enviar mensajes bajo el mar a dos mil o más millas de distancia, seguramente lo habrían tachado de loco sin remedio.

—Puntos y rayas. ¡Señales que se obtienen deteniendo la corriente y lanzándola por el cable de nuevo! ¡Si pudiéramos hacer que la corriente llevara sonidos, palabras, lenguaje de viva voz, eso sí valdría la pena!

—¡Otra vez soñando, Aleck! Eso no lo veremos nunca, es imposible, absolutamente imposible.

Probablemente el profesor Bell tenga razón, la comunicación humana a distancia no la "verán" sino que, al paso de algunos años, se *escuchará*.

El profesor Melville Bell cumple su promesa y el científico le dedica toda una tarde para que platique de sus experimentos: hablan, discuten, complementan sus teorías y además, al final de la entrevista y como punto culminante, Wheatstone muestra al joven Aleck un instrumento inventado por él que consiste en un dispositivo que llama "La lira encantada". Este aparato consiste en dos instrumentos musicales, piano o armonio, que están colocados en el piso superior de la vivienda; en la habitación situada inmediatamente debajo, cuelga el segundo instrumento, una caja de resonancia en forma de lira; ambos aparatos están conectados por medio de un tubo oculto a la vista del espectador.

Entonces, sir Charles le dice que lo espere en la habitación de abajo mientras él hace sonar el piano de la parte superior. Cuando lo hace, las vibraciones descienden hasta la lira y el sorprendido Aleck escucha y ve fascinado como unas "manos invisibles" tocan la lira. Inmediatamente, el joven visitante siente una enorme atracción por ese juguete, pero más por el tubo o cable que *conduce* la música. Este truco nunca rebasa las expectativas de que el cable "hable" pero si queda latente esa posibilidad entre los dos inquietos personajes.

Al paso del tiempo, Alexander Graham Bell ve como, lentamente pero con pasos firmes, el sueño del "lenguaje eléctrico" va tomando forma. Las charlas amenas con sir Charles y el señor Ellis lo estimulan enormemente y lo llenan de energía para retomar sus clases y experimentos con un renovado interés y un brío a toda prueba.

A dos años de la muerte del abuelo, la familia Bell logra adaptarse a sus nuevas condiciones de vida y de ambiente. El profesor ejerce sus tareas de maestro de lenguaje en Londres e incluso, imparte la cátedra de dicción en la Universidad de Londres. Por su parte, Melly vive ahora felizmente casado en Edimburgo, ocupando el lugar de su padre, y Aleck completa otro año de enseñanza académica en West House.

La familia Bell apenas empieza a recuperarse de la pérdida física del abuelo, cuando Edward Charles, el más pequeño de los hermanos y de tan solo 19 años, contrae la enfermedad de la *consunción* y muere sin que ningún médico lograra preservar su vida. Este padecimiento es ahora conocido como tuberculosis, y su sola mención causa estremecimiento y terror. Aleck siente el duro golpe en su corazón y soledad de Morayshire, y tan pronto puede, llega hasta donde están sus afligidos padres, prometiéndoles que dejará su empleo en Elgin para estar cerca de ellos. Así lo hace y pronto encuentra un nuevo trabajo docente a 150 kilómetros de Londres, en Bath, una ciudad calificada de "fantasma" situada en la colina y que vive de su pasado.

Se dice que en Bath se pasean por sus empedradas calles los espíritus del poeta Alexander Pope; del actor, director y autor dramático David Garrick; de los políticos William Pitt, el viejo y el joven; del pintor y retratista Thomas Gainsborough y del glorioso almirante de la naval inglesa, Horacio Nelson. Hasta ahí llega el joven de 21 años, Alexander Graham Bell, para enseñar a una nueva generación, a una nueva edad, el arte de la palabra en el Somerset College.

Sin embargo, los padres de Aleck no desean la total independencia de su joven hijo y es la madre quien le escribe reclamándole su falta de apego familiar. Le dice: "A los pájaros nuevos les gusta probar cuanto antes la fuerza de sus alas, pero son los padres quienes mejor conocen la hora adecuada para su primer vuelo independiente". Lo que no saben es que al joven Bell no le agrada Londres, y por ello rehúsa vivir allí. La señora también pregunta por los experimentos de su hijo y le envía recortes de periódicos en los cuales se documentan las discusiones parlamentarias en torno de las comunicaciones telegráficas internacionales.

Pero la mayor preocupación de la señora Bell no son sus experimentos sino su salud, por lo que el contenido de las cartas van llenas de consejos sobre la calidad de la comida, la necesidad de dormir bien, la importancia del ejercicio físico y la falta de cuidado en el vestir, sobre todo el de abrigarse muy bien, en tanto no lleguen las estaciones de calor.

Tanta súplica maternal logra convencer a Aleck, y un año después, regresa a la capital inglesa para estar cerca de su familia, donde se hace cargo de algunas de las clases de su padre, estudiando a la vez la cátedra sobre el estudio de anatomía en la Universidad. Es una vida demasiado ajetreada para alguien que apenas rebasa los 22 años, y que se incrementa al paso del tiempo, pues su padre ya goza de fama tanto en Inglaterra como en Estados Unidos, por lo que recibe y acepta una invitación para participar en un ciclo de conferencias en la ciudad de Boston.

¿En quién delegar la responsabilidad de sus clases si no es en el recto Alexander Graham Bell? Eso es lo que lleva a cabo el profesor antes de partir hacia América, mucha responsabilidad pero que acepta con agrado. Las conferencias son todo un acontecimiento en el nuevo continente, por lo que el conferenciante recibe más invitaciones para impartir sus charlas. Y cuando disfruta plenamente su triunfo, al otro lado del Atlántico, en Edimburgo, el joven y casado Melville James Bell está en agonía, sufriendo el mismo mal que su hermano Ted; el diagnóstico: tuberculosis en su fase terminal.

Rápidamente, Aleck corre al lado de su querido hermano pero no puede hacer más que lo que han hecho los médicos, y tristemente ve cómo su compañero, camarada y amigo de la infancia entrega su cuerpo a la tierra. Por su parte, el profesor Melville regresa inmediatamente a Londres y de ahí a Edimburgo, solamente para comprender, ante la tumba de su hijo mayor, cuán vacía, transitoria y corta es la gloria y vida humanas. Por momentos siente que le faltan motivos para continuar viviendo, ya que, de tres hijos, únicamente le queda uno, y un terror y escalofrío recorre su cuerpo de tan sólo pensar en que también a Aleck lo ataque la terrible enfermedad.

Y más tiemblan los señores Bell cuando los doctores aconsejan que cambien el húmedo clima de Londres por uno más benigno que sea seco y de atmósfera más transparente. El matrimonio escocés entiende que este cambio es necesario y tal vez sea la única esperanza de salvar a su ahora único hijo de la terrible enfermedad, y revisan cuidadosamente cada país y ciudad del mundo.

Alexander Melville recuerda que en su juventud vivió cuatro años en una isla al Este de Canadá, sobre el Atlántico, de nombre Terranova, también por motivos de salud, y recuerda que tiene en los Henderson a unos excelentes amigos que viven en un pueblo de nombre París, en la provincia de Ontario. Una vez tomada la decisión de escribirles al nuevo continente, un mes después reciben la respuesta que esperan.

El señor Henderson muestra en sus líneas el enorme deseo de contar con vecinos como sus amigos Bell y les dice: "Éste es el mejor clima del mundo. Es cierto que los inviernos son fríos, pero el aire es seco, comparado con el de Inglaterra. Tengo una pequeña finca situada junto al río Grande, en los límites de Brantford, que es ideal para vivir. Está en las alturas que rodean el valle del río y tengo la certeza que les ha de ser útil".

Después de algunos días de meditar las ventajas y desventajas de todos los lugares en que pueden vivir, saben que cualquier cambio requiere de valor, pues Alexander Melville tiene un nombre de respeto, y está en la cima de su exitosa carrera; también posee una situación económica holgada como nunca, amigos y una posición de respeto como profesor en la Universidad de Londres. Finalmente, el matrimonio Bell decide pasar veranos llenos de calor e inviernos más fríos en la parte sur de Ontario, en Canadá. Cualquier sacrificio es poco con tal de lograr una notable mejoría en la salud de Alexander Graham Bell.

Desde luego que también conllevan problemas de adaptabilidad para la señora Bell, quien tendrá que cambiar las comodidades y satisfacciones de la ciudad más importante del mundo por los aventuras de una vida campestre. La esposa del profesor no vacila en sus decisiones y bajo ninguna circunstancia arriesgará la vida de su ahora único hijo por banalidades y superficialidades que son prescindibles en sus vidas.

Un mes después, el trío Bell abandona hogar, posiciones, profesiones, familiares y amigos, y no es menos penoso para el mismo Aleck , quien después de muchos meses de intensa actividad, ahora tendrá varias semanas de reposo, de aclimatación. Durante el viaje en barco hacia el nuevo mundo, pasea impaciente en cubierta, observa el vaivén de las olas y la espuma blanca que produce el movimiento del barco, y hasta a las gaviotas que siguen a la nave en busca de algún trozo de comida.

Lo que más llama la atención del joven Bell cuando mira el mar, es imaginarse que, debajo de la embarcación, corre el larguísimo cable trasatlántico que permite la comunicación a distancia entre cuando menos dos continentes separados por el océano. Se maravilla por la inteligencia y decisión de quienes hicieron posible tal proeza telegráfica. Cierra los ojos y se acomoda en un mullido sillón y empieza a imaginar su nueva vida en un país y continente completamente diferente en el que ha vivido durante más de 22 años.

Así, después de varias semanas de surcar el mar, por fin aparecen las primeras líneas de una masa oscura que indican que se está cerca de tierra; poco a poco surge ante sus ojos la maravillosa fortaleza hecha de piedra de Québec. La inmensidad y majestuosidad de este panorama conmueven al joven Aleck, sintiendo una abrumadora sensación de pequeñez junto con una estimulación y excitación ante la posible inmovilidad que tiene ante sí. Esta nueva experiencia la tendrá siempre presente cada día de su vida.

En verdad que el movimiento en Canadá es sumamente lento en cada accionar de la gente, punto menos que imposible de soportar por la impaciencia de quienes han vivido en ciudades como Londres, donde todo trámite es más rápido y los diferentes transportes son dignos de una ciudad de primera como la londinense. Esto viene al caso porque los trámites en la aduana de Québec son parsimoniosos y complejos. Una vez llevados a cabo y sentados en el tren que los llevará a su destino y cuando la vieja máquina es puesta en marcha, los silbidos estridentes, el humo que entra por todos lados y los incómodos asientos, provocan la nostalgia por otros tiempos y lugares.

Al devorar kilómetros la vetusta máquina ferroviaria, el mal humor de los Bell cambia, admiran un paisaje hermoso y distinto de su amada Inglaterra: granjas, casas campestres, bueyes arrastrando carretas llenas de heno y otras hierbas, incluso un hermoso río con aguas cristalinas arrancan sonrisas entre los nuevos residentes venidos del viejo continente. En su largo recorrido por tierras canadienses, apenas tienen tiempo en Montreal de ver la ciudad de lejos, pues solamente se detiene el tren para un cambio de máquina. Recorren las granjas de Ontario y pequeñas aldeas bañadas por los últimos rayos de sol de un verano que está a punto de dejar el paso al frío invierno.

Llegan, por fin, a la pacífica y somnolienta ciudad de Toronto, habitada por treinta mil personas. De ahí parten a Hamilton y después de transitar un largo camino en pendiente, llegan hasta Brantford y el pueblo de París, a pocos kilómetros al Oeste. Desde luego, el señor Henderson, su anfitrión, los está esperando en la estación de tren para darles una reconfortante bienvenida al nuevo mundo y a su nueva vida.

El trío Bell y el señor Henderson están ansiosos por instalarse y organizarse inmediatamente, por lo que al siguiente día de su llegada a Canadá, los señores toman rumbo a Brantford para observar de cerca la propiedad que el anfitrión ha ofrecido a los escoceses. La finca está muy cerca del centro de la ciudad, a tan sólo tres kilómetros y a doce de París, sobre la margen occidental del río Grande y en las colinas de Tutelo Heights. Brantford es una pequeña localidad con siete mil habitantes y la hacienda abarca cinco hectáreas de terreno; posee una huerta y jardín, además de un área en donde pastorean una vaca y un caballo, y una parcela limpia para sembrar lo que los nuevos huéspedes deseen.

Detrás de la granja y al pie de un barranco empinado corre el río, y un poco más allá, destacan dos hileras de árboles al borde de la elevación, y en la cúspide pueden apreciarse enormes chimeneas de grandes fábricas, ya que también desde Inglaterra ha llegado la revolución industrial para asentarse en casi todo el mundo, y Brantford no es la excepción. En verdad que el cambio de clima y panorama serán muy benéficos, no solamente para el joven Aleck sino también para sus padres.

Los primeros días en Canadá transcurren rápidamente. París es un villorrio pintoresco, a un lado del río Grande, que ha adquirido fama por su "yeso de París" y otros abundantes minerales. Por su parte, debido a la admiración y larga amistad que lo une con Melville, el señor Henderson dispone, para beneplácito del pueblo, que el profesor exponga sus lecturas y recitales, sin dejar de lado, por supuesto, la exposición y explicación de su sistema de "lenguaje visual" ante diversos tipos de auditorios compuestos en su mayoría por maestros y padres.

Ninguno de los hombres Bell de la familia saben nada sobre tareas de jardinería o de granja, por lo que se dan a la tarea de aprender lo indispensable acerca del maíz, hortalizas y horticultura. Para ello, reciben la amable e incondicional asesoría de sus vecinos, de la familia McIntyre, de la señora Brooks y su hijo. Con ellos comparten la misma calidad y calidez de la amistad que se cimienta día con día.

También los Bell tienen que aprender a desenvolverse con la ayuda de un caballo y un carruaje, y sobre todo, conocer los pormenores sobre el cuidado del animal y el manejo adecuado de los arneses, más, cuando acuden a la ciudad y tienen que conducir el carro por calles estrechas y transitadas. Estas visitas las hacen con frecuencia, cada vez que acuden a platicar con los Henderson o con el honorable George Brown, otro amigo de la familia.

Alexander Graham Bell, al cabo de tres meses de haber cambiado radicalmente sus hábitos y el medio ambiente de Londres, siente que su organismo está revitalizándose. Cambia su palidez por unas coloradas mejillas, respira un aire limpio y el cálido y saludable sol de Canadá han hecho milagros en su salud. Cuando salió de Edimburgo y de la capital inglesa, los médicos le diagnosticaron fatalmente que dudaban que recuperara la salud, y es más, le aseguraron que, máximo, le quedaban tres meses de vida.

Tan grande es su recuperación en la tranquila casona de Brantford (en la que muy poca gente transita), que Aleck renueva sus estudios sobre la voz humana, con experimentos de diapasones, el ruido del piano y su grave voz diciendo "Ah" u "Oh" constantemente, y quienes llegan a escucharlo, sin saber la naturaleza de los extraños sonidos, menean la cabeza como diciendo que la familia Bell es maravillosa pero que los padres seguramente tienen mucha pena con un hijo que probablemente esté algo loco.

Al paso de los meses, Aleck avanza en sus cuestiones relacionadas con el sonido humano, y después de la invención del telégrafo, treinta años atrás, no han habido avances importantes, sigue siendo la transmisión de un mensaje a la vez por el mismo cable. El estudioso del sonido sabe, al igual que una centena más de hombres inquietos en el mundo, que una gran fortuna espera a quien sea capaz de idear un aparato que utilice un medio de transmitir por un mismo cable, varios mensajes al mismo tiempo sin que se mezclen.

Desde sus conversaciones con el señor Alexander John Ellis, a Aleck le llama poderosamente la atención todo lo concerniente a la electricidad y sus múltiples posibilidades de utilización, tratando de repetir los experimentos del alemán von Helmholtz. Ahora, en este lugar lleno de tranquilidad y con mucho tiempo libre, el joven Bell piensa cada vez más en cómo solucionar el problema del "telégrafo múltiple" como él lo llama. Cree que puede utilizar sus conocimientos musicales para imitar el fenómeno producido cuando alguien entona una nota musical determinada cerca del piano y a éste, al mantenerle presionado uno de sus pedales, la cuerda correspondiente a la nota emitida empieza a vibrar.

A este tipo de experimentos de vibraciones relacionadas con la música, el joven inventor le llama "telégrafo armónico", y ante estas expectativas de lograr por fin la comunicación humana instantánea, pasa muchas horas ante el piano probando una y otra vez su teoría, aunque los resultados no son nada halagüeños como parecen al principio y el progreso se hace extremadamente lento.

Gran interés por los indios nativos

En una visita a Tutelo Heights, por casualidad el señor Henderson hace referencia a las Seis Naciones Indias, despertando el interés de los dos Alexander sobre el tema, por lo que pregunta Aleck:

—¿Quiénes son los indios? ¿cómo son?

—Viven por ahí, del otro lado del valle, en la reserva india. Desde aquí se distingue la iglesia mohawk, en donde todos los sábados puedes encontrar en la ciudad a muchos de ellos. En cuanto a quiénes son, la historia es larga. Son iroqueses, es decir, lo que queda de ellos.

"Durante siglos sus antepasados vivieron en las tierras al sur del lago Ontario, pero cuando los británicos fueron derrotados en la guerra de independencia, las Seis Naciones, que eran aliadas, perdieron sus territorios. Para compensarlos, los ingleses reservaron una franja para ellos en cada margen del río Grande. Todos ellos eran dirigidos por el gran caudillo Joseph Brant, asentándose en un territorio de entre treinta y cuarenta kilómetros. Donde ahora está asentada la ciudad de Brantford, formaba parte de la reserva pero la vendieron al hombre blanco".

— ¿Por qué se les llama "Las Seis Naciones"? — interroga Aleck.

— Porque eran seis tribus, integradas por: Onondagas, Cayugas, Oneidas, Senecas y Tuscaroras.

— ¿Y a qué se parece su lenguaje? — preguntan al mismo tiempo los Bell.

— No puedo decírselos. Para mí no es ni más ni menos que lengua india. ¿qué me dices de tu "lenguaje visual?

— En eso estoy pensando — comenta el profesor Alexander Melvilla —. Me gustaría escribir esa lengua, pero temo que no lograré hacerlo por ahora. ¿Se opondrán los indios a que yo los visite cuando me sienta un poco más fuerte? Quiero hablar con ellos.

— No se opondrán, al contrario, se alegrarán al conocerte. Te presentaré al señor Gilkison, delegado del Gobierno que está a cargo de sus necesidades, quien vive muy cerca de aquí. Si gustas, te llevaré o puedes ir tú mismo. Llegas hasta la vieja iglesia, recorres siete kilómetros y después, a lo sumo otros diez hasta dar con la "Casa del Consejo".

Algunas semanas después, Aleck y el señor Gilkison están conversando en la plaza de la ciudad, cerca del mercado cuando de repente, el señor mayor se detiene en medio de una frase y señala hacia donde está un indio que cruza la calle.

— ¡Ahí lo tienes! ¡Ése es el hombre! Yo sabía que lo encontraríamos.

—¿Quién es? —interroga el joven Aleck.

—Todos lo conocen, es el jefe "Humo" Jonson, el mejor de los indios; si alguien puede ayudarte es él. Está casado con una inglesa de Bristol y viven río abajo, a unos veinte kilómetros de aquí, en una gran casa blanca llamada "Chiefwood" ("Bosque de los jefes"). Tendrás que acudir allí alguna vez si deseas saber más de ellos. Te dirán todo lo que deseas saber, en inglés o en mohawk.

Al ser presentados, el jefe "Humo" Jonson muestra mucho interés en ayudar al joven Aleck, y un día, cuando los Alexander recorren el largo y arenoso camino a "Chiefwood", al ser bienvenidos por los indios, los invitan a una suculenta cena de aves silvestres mientras conversan animadamente sobre el antiguo poblado de Kandoucho, donde ahora está situado Brantford y de muchas historias más.

Quien destaca por sí misma, es la esposa del jefe, una hermosa mujer de modales refinados, quien habla de su infancia en Bristol, Inglaterra y de sus primeros años en Canadá. Los Bell pasan una noche inolvidable y hacen compromiso de acudir en futuras ocasiones a continuar con la amena charla con el jefe "Humo" Johnson.

Y vaya que hay interés por los indios canadienses, ya que Aleck continúa visitándolos frecuentemente o encontrándolos en el mercado de la ciudad; le da tanto gusto al joven Alexander, que la gente empieza a mirarlo como raro, ya que todo lo que dicen los indios quiere escribirlo en el "lenguaje visual" creado por su padre. Afortunadamente a los nativos les gusta que los tomen en cuenta, tan es así, que años más tarde lo honrarán convirtiéndolo en un jefe de la Confederación de las Seis Naciones.

Aunque esto ocurre tiempo después, es el espacio para describir está ceremonia tradicional llevada a cabo en la Casa del Consejo, en la reserva de Oshwaken, sobre la que ondea la bandera inglesa, para indicar a los de afuera que el Consejo está reunido.

Los jefes se sientan al margen de un espacio cercado; en

el centro están los Onondagas: "Guardianes del fuego". En el momento que se hace la presentación del nuevo jefe, los demás se ponen de pie, luego es invitado a sentarse en el Consejo, junto a ellos, para debatir asuntos de interés común de las tribus. El debate es abierto por un jefe mohawk y una vez en que todos están de acuerdo, los Onondagas lo ratifican. El nuevo jefe recibe su nombre indio y le es enseñada la danza de la guerra, posteriormente, fuman la pipa de la paz y el Consejo termina su reunión en medio de silbidos y alaridos de guerra.

Alexander Graham Bell, ataviado con ropa de gala india y con los gritos de guerra zumbando y vibrando en sus oídos, emprende el camino de regreso a la ahora conocida "Casa Melville", para continuar con sus experimentos con diapasones y el proyectado "telégrafo múltiple". Lo que nunca olvida Aleck y además lo aplica constantemente en su vida, es la danza guerrera, misma que, cuando el científico obtiene algún triunfo o avance en sus pruebas, lanza un grito salvaje al mismo tiempo que da unos pasos vertiginosos de danza, proporcionando constante alivio al exceso de trabajo físico y sobre todo mental.

Al paso del tiempo, la salud de Alexander Graham Bell mejora considerablemente, por lo que su padre, el profesor, decide aceptar una nueva invitación para estar en Boston en octubre y noviembre, impartiendo un curso sobre "lenguaje visual". Es tal el éxito, que le solicitan que entrene a un grupo de maestros de sordomudos, pero otros compromisos lo impiden, sin embargo, sugiere a los organizadores que, si tienen a bien considerarlo, inviten a su hijo, quien está absolutamente capacitado para ocupar su lugar.

Desde luego que la comisión tiene dudas al respecto, prejuzgando que no es posible que un joven de tan sólo 23 años domine los principios científicos involucrados en este tema sobre sordomudos, tan difícil de manejar y tratar. El profesor no insiste, simplemente sabe de la capacidad de su hijo y tarde o temprano terminarán por aceptarlo.

Y efectivamente, al poco tiempo, aunque con recelo, invitan a Aleck, quien acepta gustoso de poder alternar la vida apacible de la granja con el gran movimiento de una gran ciudad como Boston. Además, el Consejo de Educación de esta ciudad asigna la cantidad de cien dólares como una modesta retribución al conferenciante.

Desde la anterior ocasión en que Melville Bell estuvo en Boston, conocida como "La ciudad de las letras", un mes para ser preciso, deja muchos amigos y puertas abiertas, y contagia de este entusiasmo a su hijo, quien ha leído mucho sobre la historia de la ciudad, sobre los barcos que parten de su bahía, sobre Faneuil Hall: "La cuna de la libertad". Sabe con exactitud cómo es la Casa de Gobierno y la vieja iglesia del Norte. Estos antecedentes permiten que Aleck sienta mucho entusiasmo cuando el tren empieza su largo recorrido sobre las vías férreas. Después de Edimburgo y Londres, Boston es la ciudad que más desea visitar y conocer.

Cuando Alexander Graham se presenta ante ese exigente auditorio de maestros, sin duda causa expectación al tener ante sí a un jovenzuelo de 23 años, alto, delgado, pálido de rostro, labios gruesos, la nariz grande distintiva de los Bell, frente alta y amplias patillas negras, como está de moda en este tiempo. Una vez que empieza a hablar y exponer con tono vigoroso, sin rastros de acento (en lo que trabajaron muchas horas su abuelo y padre), cautiva al auditorio, complementando su demostración con movimientos firmes, ágiles y gestos animados.

Durante seis semanas Aleck imparte las lecciones del curso con tal éxito, que cada semana recibe nuevas invitaciones para dar clases en cuando menos media docena de escuelas para sordomudos, de las cuales acepta sólo algunas, por lo que pocos meses después está de regreso en la granja de Brantford, llevando a cabo sus experimentos y ayudando en las labores de la vivienda.

Pasan otros meses y la primavera comienza a enviar sus primeras señales a través de un sol que empieza a derretir la nieve para que los campos transformen su blanca capa por el verde de los pastizales, el oro de las siembras y el multicolor de las diversas flores. Él siente que la enfermedad ha desaparecido por completo de su cuerpo, está inquieto y desea tener un empleo, desalentándose porque piensa que no hay nada para él en esas tierras nuevas.

Con esta inquietud, en una reunión que tiene con sus padres, les dice:

—Debo ser profesor de Dicción. Esa es la carrera que me asignaron desde antes de nacer, lo que aún no descubro es dónde y cómo. No quiero permanecer aquí todo el verano sin hacer nada de provecho esperando y esperando. No es correcto portarme así con ustedes, viviendo indefinidamente en la ociosidad. Ya que estoy bien de todo, quiero regresar a Londres. Antes de venir a América ya tenía amigos y no será difícil ganarme la vida allá.

—¿Londres? —exclama alarmado el profesor Bell—, no hay prisa ni razón alguna para hacer eso. Regresar a Londres en este momento es un disparate. Te escapaste por muy poco de la enfermedad y no debes correr el mismo riesgo. Cuando compramos esta casa pensamos quedarnos por lo menos durante dos años. Además, este país me gusta, es mejor lugar para vivir que el viejo Londres, con su polvo y niebla, aunque no sea tan interesante. Mejor cambiemos de tema. ¿Cómo va tu experimento del "telégrafo múltiple?

—"Telégrafo armónico" —corrige con paciencia Aleck—. No estoy muy seguro. Aunque este invento puede hacernos ricos, lamentablemente es muy poco lo que sé todavía sobre el asunto; apenas estoy al inicio y estos experimentos llevan mucho tiempo. Calculo que por cada cien hombres que trabajan así, uno tiene éxito. Quiero tener algunas semanas más para trabajar en ese problema.

—Si te empeñas puedes avanzar en ello; no desistas ahora.

—El problema es que no sé lo suficiente sobre electricidad. Aún así, puedo proseguir mis experimentos mientras enseño. Si no puedo regresar a Londres ¿qué te parece la idea de regresar a Boston? Tengo la certeza de que si coloco un anuncio en el periódico ofreciendo mis servicios como profesor, no me faltarán medios para ganarme la vida. Abriré una escuela para niños con dificultades en el habla o simplemente sordomudos, de los cuales hay muchos en Boston, aunque lo que me causa mucho miedo es fracasar.

—Ese miedo es muy natural, pero si lo enfrentas con los amplios conocimientos que ya posees y que sabes manejar muy bien, no habrá la mínima posibilidad de que fracases. Déjame hablar con algunos amigos y en cuanto tenga respuestas, te las comunico.

Inmediatamente, para evitar que la idea de volver a Londres anide nuevamente en la mente de Aleck, el profesor Bell escribe a sus amigos en Boston, y para fines de septiembre de 1871, a las 24 años, Alexander Graham Bell deja Tutelo Heights y parte para la "ciudad de las letras", en donde ya no lo miran con desconfianza, sino que ahora el trato es totalmente de respeto, lo tratan de "señor", profesor de Dicción o de "Fisiología vocal".

La nueva escuela para sordomudos que abre Alexander en Boston, tiene mucha aceptación desde un principio, ya que en tan sólo un mes la cantidad de alumnos que acuden a las aulas aumenta día con día. Esta decisión será de suma importancia para el futuro de Alexander Graham Bell y el destacado lugar que ocupará próximamente por lograr una efectiva comunicación humana.

Desde luego no falta el alumno que robe la atención y acapare gran parte del cariño de Aleck. El chiquillo se llama Georgie Sanders y es hijo de un reconocido comerciante en cuero de la región de Haverhill, Massachussets. El pequeño nace sordo y consecuentemente no sabe hablar; está al cuidado de una renombrada profesora y es ella quien sugiere que el niño acuda con el señor Bell.

La petición es aceptada por el padre de Georgie y junto con su institutriz no sólo logran que Aleck lo acepte sino que, además, consiguen habitación en la misma casa de huéspedes en la que vive Alexander Graham. La simpatía es mutua desde que profesor y alumno se conocen, por lo que el chiquillo espera impaciente cada día la llegada del maestro Bell para recibir su lección, y de paso, distraerse de su aburrimiento.

El joven Alexander guarda en su corazón al niño travieso que siempre fue y esto también es parte importante de su identificación con el pequeño, incluso, Aleck escribe a su madre comentándole sobre este encuentro de similares almas infantiles: "El pequeño Georgie está progresando estupendamente. Es una personita muy simpática y cariñosa; cómo me gustaría que lo vieras. Espero grandes resultados de él si lo dejan en mis manos cuando menos dos o tres años más".

Esa energía y vitalidad desplegada por Alexander Graham Bell durante los primeros meses de la apertura de su escuela para sordomudos en Boston, requirieron de un enorme esfuerzo físico, mental y nervioso por parte del joven profesor; además, por las noches, pasaba muchas horas experimentando con aparatos que le ayudaran a resolver el eterno problema del "telégrafo armónico", cuya solución, aparte de comunicar rápidamente a los humanos, podría producir mucho dinero al fabricar muchos aparatos que facilitaran la vida en este planeta.

Sin embargo, las clases empezaron a escasear con la llegada del invierno y porque Aleck no les prestaba la debida atención, aunado a que trabajaba en sus experimentos y pruebas hasta las primeras horas de la madrugada, y si no hubiera sido por la paga del papá del pequeño Sanders, su situación económica habría sido de premura y escasez.

Buenas noticias para Aleck

Pero no todo eran malas noticias para Alexander, ya que en ese tiempo conoce a un abogado de nombre Gardiner

Greene Hubbard, persona que en el futuro le demostrará el verdadero valor de la amistad. Este licenciado en leyes tiene una hija, Mabel Hubbard, quien desde los cuatro años es sorda debido a complicaciones con una enfermedad. Ella es una de las dos primeras personas en el mundo que sabe leer el movimiento de los labios y comprender qué le dicen las otras personas, un novedoso método aprendido de un maestro estadunidense.

Después de este aprendizaje, la niña es enviada a Alemania durante algunos años para aprender y perfeccionar su dicción, y no sólo lo logra sino que, además, consigue hablar y leer alemán. Con el tiempo, estos progresos en la adolescente permiten que su padre tome mucho interés en la educación de los sordos y en particular, en lo que enseña el joven Alexander Graham Bell en su escuela especializada. Por ello, al regresar de Europa, la jovial Mabel inmediatamente es inscrita con Aleck para completar sus estudios, mismos que han dado sobradas muestras de eficacia y efectividad en sus alumnos gracias al método del "lenguaje visual". Así, pues, el abogado está dispuesto a cualquier gasto por oneroso que sea, con tal de que su hija lleve una vida lo más normal posible.

Sin embargo, las muchas horas de trabajo y las escasas de descanso han empezado a causarle problemas de salud a Alexander, tanto, que su madre le envía cartas pidiéndole todos los detalles de sus constantes dolores de cabeza, y dándole recomendaciones para mejorar su salud como hacer suficiente ejercicio, medir la altura de su almohada para que descanse bien, colocar una hoja de ruibarbo (que además se usa como purgante y de sabor amargo) en su sombrero en días de mucho calor, no dejar de usar la bufanda de lana que ella misma le tejió para cuando haga frío y evitar tocar el piano hasta las primeras horas de la madrugada.

Y como para que no tenga duda de que su madre sabe todo de él, le dice: "Ya hablaremos de tu invento, querido hijo, cuando estés en casa. Confío en que lograrás tu propósito pero no pienses más en eso por ahora. Sabes muy bien que no hay que tener la cuerda tensa del arco. No te dejes llevar por los nervios; esas alternativas de la vida son algo normal y si sabes mantenerte sereno tendrás mejor juicio para saber lo que hay que hacer en cada caso".

Aunque Aleck trata de hacerle caso a su madre, no lo hace con el rigor necesario. Siente que el invierno no termina nunca, por lo que cuando los primeros rayos de verano entran por su ventana, él se alegra enormemente, abandona la pensión de la calle West Newton y corre hacia la casa de sus padres en Ontario, pues desea ver los arreglos que su padre ha efectuado en el hogar. Éste, aunque tiene mucho trabajo y viaja constantemente, se da tiempo de construir hasta ¡una cancha de croquet!, un parral en el que las vides ya brotan rebosantes, una cerca que impida el paso de las aves del corral al jardín, renueva el coche y hasta construye jardineras especiales para la siembra de semillas que él ha enviado a su madre.

Por fin puede pasear al aire libre, admirar a la pródiga naturaleza que llena los campos con flores silvestres multicolores, todo esto lo goza el recuperado Alexander Graham Bell, aunque con un sentimiento de nostalgia por haber tenido que separarse temporalmente del pequeño Georgie, con quien comparte algo más que una relación maestro-alumno sino realmente una sincera amistad. También siente pesar porque empezaba a impartirle clases a la adelantada, joven y bella Mabel Hubbard, pero ya habrá tiempo de compensarles este tiempo que él utiliza para recuperar su salud y disfrutar de sus padres.

Efectivamente, el señor Sanders, padre del pequeño de cinco años, solicita al joven Bell que le dé clases particulares a su hijo en sus horas libres; pero no le satisface al tutor que el pequeño pase tantas horas solo sin más compañía que la de la institutriz y la dueña de la pensión. El señor Sanders está muy contento con Aleck pero desea mayor atención para su hijo, por lo que, al hablar con su madre, le dice:

—Hay que hacer algo con mi hijo Georgie. Quiero que el señor Bell siga enseñándole, ya que está haciendo maravillas con el chico, y además, los dos se tienen mucho afecto, lo que facilita la enseñanza y el aprendizaje. Si Georgie continúa con el señor Bell el tiempo necesario, pronto llegará a hablar, pero un niño de escasos cinco años no tiene por qué quedarse solo tantas horas del día".

—¿Puede Georgie vivir conmigo? —pregunta con temor la madre de Sanders, quien vive en una casóna de Salem con muchas habitaciones y llena de soledad—. El señor Bell puede venir también, por supuesto. Georgie no puede salir adelante sin él. Tendrá que tomar el tren de Boston todas las mañanas, pero no es mucha la distancia: solamente veinte kilómetros. Le serviré el desayuno y quizá hasta la cena y dispondremos el horario de las lecciones. ¿Crees que pueda resultar ese plan?

El señor Sanders medita por unos minutos la propuesta de su madre y termina por aceptarla, ahora solamente falta que el maestro Bell lo acepte.

En octubre de 1873, a los 26 años, Alexander Graham Bell regresa completamente feliz y muy recuperado de salud gracias a la visita a Ontario, junto a sus padres, y se alegra más cuando es informado que ha sido designado profesor de Fisiología vocal en la Escuela de Oratoria de la Universidad, aunque tiene algunos inconvenientes, ya que significa tener que viajar todos los días a la ciudad de Boston durante dos horas, de ida y regreso; nada agradable, sobre todo en los días invernales o de lluvia; pero una vez en Boston puede alquilar un cuarto en una pensión que esté ubicada cerca de la Universidad, evitando así, vivir en la casa de huéspedes actual.

Sin embargo, aún falta por resolverse el problema de conseguir un lugar adecuado para continuar con sus experimentos, tal vez pudiera contar con un cuarto en la casa de

60

la señora Sanders o en la misma vecindad, ya que, después de enseñar al pequeño Georgie, le quedaría tiempo libre por el resto de la noche para trabajar en su obsesivo proyecto del "telégrafo múltiple".

Desde luego que la señora Sanders, al conocer la petición de Aleck no se conforma con cederle un cuarto sino que le ofrece todo el sótano de su mansión, ya que es generosa por naturaleza, y al admirar los progresos de su nieto dice al respecto: "El señor Bell es un joven tan amable y considerado que no puedo negarme a sus peticiones".

Lo que la buena señora no toma en cuenta es el tremendo ruido que proviene del sótano acondicionado como laboratorio, y sobre todo, por ser durante la noche cuando se producen. Pero la dama Sanders es mucho más que agradecimiento el que siente por el maestro de su nieto, ya que, aparte de costear los gastos del aprendizaje de su pequeño familiar, también paga gustosa los materiales necesarios que requiere Aleck para sus experimentos y pruebas de sonido; y es que el joven Bell es un excelente profesor pero que desconoce el valor real del dinero, y así como llega a sus manos se va inmediatamente.

Pero nada es suficiente para pagarle a Alexander Graham el enorme cariño y afecto que siente por el pequeño Georgie, y menos cuando puede apreciarse su progreso en el que lucha desesperadamente para sacar al niño, sordo de nacimiento, de su mundo lleno de tiniebla sonora. El Profesor Graham, con enorme paciencia, enseña al infante una a una las palabras para que las aprenda no solamente a leer sino también a pronunciarlas, ya que antes de la llegada del joven Bell, el niño solamente hacía sonidos que nadie entendía.

Cuando Georgie ya ha aprendido las letras y los sonidos elementales del alfabeto, Aleck le lleva un guante de cuero para su mano izquierda, en el obsequio hay tras palabras impresas que el chico deletrea con felicidad: "Gracias, señor Bell". La utilidad de la prenda es que el infante puede señalar con su dedo índice las letras que hay en el guante y que desea pronunciar, teniendo una respuesta similar por parte del profesor.

Con el tiempo, los dos aprenden a comunicarse con el guante, siendo Aleck quien lo utiliza para contarle a Georgie las incidencias del día, historias cortas de algunos periódicos; por su parte, el niño narra cuentos infantiles. La hora del estudio es el tiempo más feliz para ambos: para el chiquillo, porque cada día aprende más y más, y para Aleck, porque le permite olvidarse de todo lo que hay a su alrededor sin estar en el aula de la Universidad, lejos del "telégrafo múltiple" y del "lenguaje visual", que, por otro lado, noche con noche continua desarrollando después de una suculenta cena.

Así transcurre un año. Durante el invierno de 1784, Alexander Graham visita frecuentemente en Boston, el taller de Charles Williams, especializado en la fabricación de piezas bajo pedido. Allí mantiene una relación de trabajo y amistosa con un agradable y talentoso joven de escasos 20 años de nombre Thomas Watson, un obrero rápido y preciso, algo reservado y tímido pero de extrema inteligencia y agradable, quien tendrá un papel importante en la vida del joven Bell y en sus proyectos de comunicación humana a distancia.

Un día, Alexander llega al lugar para que modifiquen una pieza que no quedó como él quiere, pero esta vez, en lugar de llegar a la oficina, entra directamente al taller buscando al joven Watson, quien le fabricó la pieza a modificar. Aleck le expone las especificaciones que requiere y el empleado trabaja hasta que el cliente queda satisfecho. No es la primera vez que lo hacen, al cabo del tiempo, los dos prueban las piezas hasta que quedan como las quieren.

El joven Thomas Watson no proviene de una buena familia ni tiene excelente educación como la de Bell, pero toda su vida sostiene que nunca ha tenido una influencia tan importante y favorable como la de Graham. Y no es para menos, gracias a su sincera y abierta amistad, Thomas admira y aprende mucho de la conducta de Aleck, como los elementales buenos modales en la mesa, la lectura de biografías y logros de grandes hombres de ciencia como John Tyndall y Thomas Henry Huxley (abuelo del novelista, ensayista y poeta inglés Aldous), y de sobremanera, para gusto de Watson, la corrección del lenguaje y el dominio del piano por parte de su amigo escocés.

En ese tiempo, Alexander trabaja en la invención de un aparato que le da vueltas en la cabeza y que sirva de ayuda no solamente a niños sordomudos, como Georgie, sino también para adultos; y todo su empeño y esfuerzo en este proyecto sentarán las bases para la futura invención, más que descubrimiento, del teléfono. El joven profesor sabe que la voz de los sordomudos es monótona y desagradable porque no tienen referencia ni idea de que la voz puede modularse según los sentimientos y el énfasis que se desea darle.

El niño Sanders y otros sordomudos, cuando pueden hablar, lo hacen en tono áspero y poco natural por lo que el joven Bell piensa: "Si tan siquiera fuera posible enseñar a estos sordomudos a modular su voz para expresar lástima, miedo, coraje, ira y mil matices más, la vida será mucho más agradable para ellos y dado que esos niños no pueden escuchar, tengo que recurrir a algo que ellos puedan ver".

Graham Bell tiene dos recientes inventos que pretende mostrar visiblemente emocionado: variaciones y cualidades del sonido. El primero lo nombra "cápsula manométrica", y consiste en una llama producida por gas que sube y baja oscilando proporcionalmente debido a la intensidad de distintos tonos de voz, formando una banda de luz fluctuante, pero no es de utilidad práctica porque en esos días no era posible fotografiar las oscilaciones y fijar visiblemente los cambios.

El otro aparato lo llama "fonoautógrafo", que consiste en una embocadura y una membrana tensa que tiene fija en un extremo una aguja o cerda rígida, la punta de la cerda corre sobre un cristal ahumado, trazando una línea zigzagueante al vibrar la membrana, registrando los cambios de intensidad de la voz. Un estudioso de la anatomía humana como Aleck, recibe una grata impresión al descubrir la semejanza entre la vibración de la mencionada membrana y la cerda con el funcionamiento del tímpano y los huesecillos en el oído humano.

Sabe que si consigue hacer que el aparato receptor, el de la membrana con su palanca y cerda, se parezca lo más exactamente posible al órgano del oído, será posible obtener trazados más exactos en el cristal ahumado. Para lograr esto, Bell cuenta con el apoyo de un amigo médico de apellido Blake, interesando en los experimentos del joven profesor y su fonoautógrafo, por lo que en una ocasión en que Aleck comenta las dificultades de progreso con su invento, el doctor le dice:

—¿Por qué no utilizas un oído auténtico?

—¿Uno auténtico? ¿De dónde podría sacarlo?

—No te preocupes, yo te conseguiré uno; de un cadáver en la Escuela de Medicina.

Y como prometer es cumplir, el doctor Blake pronto le lleva a Alexander el oído con todo y huesecillos internos, y éste prosigue sus experimentos con este insólito instrumental, aunque sin obtener resultados prácticos ni útiles, al menos para ayudar a los sordomudos. Pero no todo está perdido, pues el joven Bell llega a la conclusión de que, si el registrador de sonidos del cual forma parte el oído humano, es decir el tímpano, puede hacerse vibrar con una membrana tenue y extremadamente ligera, entonces, por ser tímpano, tan pequeño y delicado, puede poner en movimiento esos huesos, ¿por qué no hacerlo con un disco delgado de acero que accione sobre una palanca metálica, mucho más pesada que él y hacerla vibrar?

En la cabeza y mente de Alexander Graham Bell ya está el principio de lo que más tarde será llamado teléfono: embocadura, un diafragma compuesto por membrana, tímpano y discos metálicos, brazo de acero electrificado, integrado por palanca, alambre, huesecillos del oído, un diafragma receptor para transmitir las vibraciones. Así, el fonoautógrafo sufre tales modificaciones que ya es un precursor, sin discusión, del teléfono.

Poco tiempo después, Aleck está de regreso en Brantford tratando de encontrar un reposo que nunca llega, ya que lleva consigo sus aparatos y aquel espeluznante oído humano. Da gracias a que cuenta con una privacidad a toda prueba para sus experimentos, porque de lo contrario, probablemente hubiera terminado sus días en un manicomio en el peor de los casos y aislado de la comunidad en el mejor, pues por las noches, Alexander pasa horas completas gritándole al oído y haciendo vibrar los huesecillos, por supuesto sin obtener respuesta alguna del dueño de ese órgano auditivo, afortunadamente.

Exactamente, el 10 de agosto de 1874, día en que concibe en su totalidad la creación del teléfono después de muchas pruebas, Aleck sabe que el mayor problema está en la transmisión de las palabras a través de un cable que utilice corriente eléctrica, que sea "lenguaje eléctrico". Puede pensarse que, para una persona como Aleck, con tantos experimentos en esta área, resulte relativamente fácil la habilitación de este "cable parlante"; pero realmente no lo es, ya que requiere de un cable electrificado que recoja las vibraciones de la voz en un transmisor, las lleve a distancia hasta un receptor situado al otro extremo y éste imite las ondas sonoras.

Alexander sabe que todo está en la corriente eléctrica, pero también ha descubierto que la corriente común de electricidad no transmite sonidos, cuando menos no tan complejos como los de la voz humana, entonces: ¿qué clase de corriente es capaz de transmitirlos? Pronto llega a su privilegiada y entrenada mente que para que una corriente eléctrica, conducida a través de un cable y que pueda llevar ondas sonoras, es imprescindible que *varíe y oscile* así como lo hace el aire según una persona grite, hable normalmente, susurre o ría, o el piano cuando es tocada una tecla en especial.

Generar este tiempo de corriente eléctrica variante u ondulante es posible, pero ¿cómo? "El Loco Bell" como empieza a ser conocido cariñosamente Alexander entre la gente de su comunidad, ha descrito un proceso de comunicación simple, consistente en un transmisor, un medio y un receptor, por lo que piensa el joven de 27 años que lo que tiene que encontrar es un mecanismo capaz de hacer variar de intensidad a la corriente eléctrica, de igual forma que lo hace el aire que varía de densidad al pasar un sonido a través de él. Ya no hay duda, la solución está en encontrar un método que permita a la corriente eléctrica ser *ondulante*.

Pero las dudas tienen cabida en la mente de Aleck, piensa que si tal corriente ondulante existe ¿cómo lograrla y dominarla a voluntad? ¿cómo reconocerla en caso de estar frente a ella? ¿otros la descubrirán o crearán antes que él? Pero estas cavilaciones no impiden darse cuenta que el teléfono ya está inventado teóricamente en su mente. Lo es bajo el influjo tranquilizador de los abedules de Tutelo Heights, en Ontario, Canadá, donde pasa sus días de descanso.

Cada día, Alexander Graham Bell se levanta con el entusiasmo y esperanza de lograr por fin la corriente ondulante que permita la tan ansiada comunicación humana a distancia, pero sobre todo, pensado en la posible gran utilidad para los sordomudos. Finalmente, es por ellos que dedica tanto tiempo de sus ratos libres y de sueño; sabe que, a cada nuevo experimento, de un momento a otro se topará con el secreto, y con este renovado ánimo, Aleck está empeñado en lograr su objetivo.

En el otoño de 1874, Alexander regresa a Salem después de sus largas y benéficas vacaciones en Brantford y tiene noticia de que ni el pequeño Georgie ni su abuela han vuelto de Haverhill. El joven profesor tiene muchos deseos de estar nuevamente con su pequeño amigo y decide acudir hasta la residencia de descanso de los Sanders; el encuentro lo narra Graham en una carta dirigida a su madre en la que muestra mucha alegría: "Estoy seguro que te habría divertido ver la recepción que me hizo (Georgie). El chico es, por lo general, poco expresivo en el trato con sus compañeros y por eso me halagó la satisfacción que mostró al recibirme. Su padre y su madre habían salido, pero cuando los vio llegar, me hizo esconder tras una puerta para darles la sorpresa. La señora Sanders se toma tanto trabajo como de costumbre para hacerme sentir como en mi casa. Es la amabilidad misma".

Después de este feliz encuentro entre amigos, el joven profesor Bell vuelve a su rutina de experimentar para llegar al tan ansiado "lenguaje electrónico" y no quiere pensar en nada más. Pero la satisfacción de necesidades primarias es grande y el dinero nunca está de más, por lo que empieza a preparar sus lecciones particulares y para la Universidad, próximas a empezar.

El amor asoma en el horizonte

Cuando el otoño está por finalizar, Aleck, sin amigos íntimos con quien platicar, recibe extrañado una invitación a cenar en la mansión de la familia Hubbard, en la ciudad de Cambrige, un suburbio residencial de Boston. Esta oportunidad de reunirse con una familia tan prestigiada como la Hubbard, llena de entusiasmo a Graham, solamente con imaginarse en pasar una agradable velada con una persona tan culta como el abogado Gardiner Greene.

El otro interés está puesto en la joven Mabel, segunda hija del abogado, más allá de sus problemas de dicción, ya que la dama es muy inteligente y atractiva, y por estas poderosas razones Alexander acude a la cita con mucho más interés en lo personal que en lo profesional, al fin y al cabo, los sentimientos no están peleados entre sí y la velada promete ser sumamente agradable en todos aspectos. Sin duda, el amor está asomando en el horizonte de la vida del profesor y el sol que ilumina sentimentalmente su vida se llama: Mabel.

El señor Hubbard es hábil y tenaz en sus negocios, bondadoso por naturaleza e interesado en asuntos mucho más allá del ámbito del comercio, por lo que Aleck, en los dos años que tiene de tratar a padre e hija, apenas le ha esbozado sus proyectos sin explicarlos ampliamente por temor a un rechazo de su anfitrión de esta noche, no vaya a ser que los considere más fantásticos que prácticos. Al poco tiempo, este sentimiento será desechado totalmente, porque Gardiner Greene Hubbard está destinado a ser un personaje importante en la vida de Alexander Graham Bell.

El joven profesor llega temprano a la residencia Hubbard para deleitar a su anfitrión con su habilidad para tocar el piano, aún sabiendo que Mabel no puede escuchar ni disfrutar la música. Por esta razón, cuando está a la mitad de la interpretación de una sonata, detiene su ejecución de repente y volviéndose hacia el abogado, le comenta:

—¿Sabe usted que si yo canto cierta nota ante el piano, oprimiendo al mismo tiempo el pedal, la cuerda correspondiente vibra en respuesta? —Al mismo tiempo que habla ejecuta la acción y el fenómeno se produce, a lo que dice el señor Hubbard:

—Bien, pero ¿qué importancia tiene eso?

—Mucha. Significa que si se emite una determinada nota en el extremo de un cable, la tecla correspondiente responderá en el otro extremo, y que si toco media docena de notas en el extremo A, el mismo cable transmitirá media docena de sonidos a B. La cuerda receptora vibra en simpatía con la cuerda emisora y esto lo sabe cualquier escolar, pero no ha sido aplicado al telégrafo. Si es que en realidad puede ser aplicado, significa que un solo cable transmitirá media docena de mensajes a la vez, es decir, que el problema del "telégrafo múltiple" estará resuelto de esta manera".

El señor Hubbard escucha atentamente todo lo que expone su invitado y aumenta su interés, por lo que comenta:

—Siga pensando en eso, vale la pena meditarlo y si es posible que llegue usted a sacar algo en limpio, yo me ofrezco a costear los experimentos.

—Muchas gracias, señor, pero el señor Sanders ya me ha prometido hacer eso. Hace años que estoy trabajando en el "telégrafo múltiple". Ahora tengo otra idea mejor; pienso que la voz humana puede ser transmitida eléctricamente a través de un cable. Quiero tener tiempo para experimentar en eso.

—Ahora ya fantasea usted. Eso es absurdo, totalmente absurdo. El "telégrafo múltiple" es una cuestión factible no lo otro. Le propondré al señor Sanders que sufraguemos los gastos exactamente a la mitad. Mientras, abandone esas otras ideas inconsistentes y siga trabajando en lo primero que me comentó.

Después de la agradable velada, Aleck regresa a su casa pensativo. Su instinto le dice que no debe abandonar, bajo ninguna circunstancia ni desaliento, sus experimentos de lograr el sueño del "lenguaje eléctrico"; sin embargo, tendrá que soportar otra decepción de parte del padre de Georgie, a quien le comenta abiertamente su proyecto de comunicación humana a distancia, al que el señor Sanders no muestra interés alguno. Sabe que no ha obtenido nada del "telégrafo parlante" y no tiene la mínima intención de aportar más dinero del que ya da, por lo que el joven Bell decide no mencionar más sobre aquel proyecto.

Alexander Graham Bell está consciente de que a los hombres prácticos de negocios, él debe parecerles un soñador más, con amplios conocimientos sobre la enseñanza con personas sordomudas, y nada más. Finalmente llega a la conclusión de que, o bien, él está fuera de la realidad y demente, o los demás no pueden ver más allá de sus narices, por lo que se promete dedicar más tiempo al "telégrafo múltiple" sin abandonar, bajo ninguna circunstancia, el sueño del "lenguaje eléctrico". El tiempo le dará la razón.

Por lo tanto, únicamente queda el joven Thomas Watson, reservado al principio y más participativo en la medida en que crece la relación con Aleck, quien, aparte de apoyar a Graham, tiene sus propios sueños y proyectos. Pero siendo más tímido, permite que sea el escocés quien lleve el liderazgo en sus conversaciones.

En varias ocasiones, los dos jóvenes expertos en piezas raras, pasan horas trabajando en el taller después de que éste ha cerrado sus puertas al público. Una noche de éstas, Bell le dice a Watson:

—Me gustaría exponerte un proyecto que tengo en la imaginación: un nuevo tipo de máquina eléctrica que podrá transmitir sonidos de todas clases por un cable y no precisamente como una simple señal de apertura, sino con palabras verdaderas como tu voz o la mía. ¿Qué te parece? Significa que podemos hablar con nuestros amigos a través de la calle, de una ciudad a otra o alrededor del mundo... y esto no es un sueño. Tengo la idea, pero carezco en este momento de tiempo hasta ahora para trabajar en ella. Cuando consiga sacar adelante el "telégrafo múltiple", tendré suficiente dinero y sobre todo tiempo para todo lo demás.

Thomas Watson apenas si puede decir algo. Es demasiado atrevimiento afirmar que se puede hablar a larga distancia con tan solo un cable, pero también, si ese sueño y proyecto se hace realidad, impresionará al mundo entero y lo cambiará para siempre. ¿Quién puede negarlo? Nadie. Parece increíble, pero Alexander Graham Bell es un tipo ingenioso y sumamente inteligente y dedicado, por lo que lo hace pensar en todo; está un poco loco pero es interesante y agradable, por lo que la idea también empieza a hacer círculos en la mente del joven mecánico y está decidido a apoyarlo en la medida de su capacidad, que es mucha.

Así, al cabo de algunos meses, en febrero de 1875 para precisar, Alexander recibe un cablegrama de su agente para que acuda a la capital del país, a Washington, para conversar acerca de algunas cláusulas; el "telégrafo múltiple" está muy cerca de concretarse y por ello su presencia es muy importante. Este viaje es una oportunidad para Aleck de conocer la ciudad más importante de Estados Unidos, ya que también está en trámite su solicitud para adquirir la nacionalidad estadunidense.

Washington, piensa Alexander Graham, debe ser una ciudad muy diferente en todo a Edimburgo, Londres y Boston. Siente en su sangre un gran impulso e impetuosidad por estar en ella, pero sobre todo, una gran libertad. Se sabe parte del crecimiento de esta nación y de ahora en adelante vivirá entre dos mundo muy diferentes pero que se complementan: en el tranquilo pueblo en Ontario, el de los indios mohawks y la hamaca entre abedules, y la capital del país en un mundo muy diferente al suyo pero que ya es parte de él.

Mientras tanto, el joven profesor debe acudir a su cita en Washington, pero tiene un gran problema que resolver: no tiene dinero para costear el viaje. Sin embargo el destino lo ayuda, porque así lo hace con frecuencia con quienes creen en sus capacidades y sueños. Cuando le comenta al abogado Gardiner Greene Hubbard de su citatorio, éste le ofrece una casa que posee en esa ciudad, solucionando de tajo los demás inconvenientes.

La entrevista y los trámites de su patente son llevados a cabo de manera relativamente fácil y en breve tiempo, por lo que Aleck ha decidido visitar a una eminencia, a la que considera la primera autoridad en Física de América y tal vez del mundo, Joseph Henry, quien se desempeña como secretario del Instituto Smithsoniano. Nadie como él para aconsejarlo sobre sus avanzados experimentos, por lo tanto, Aleck encamina sus paso hacia el Instituto sin vacilar en si lo recibirán o no.

Una vez más, la suerte de los persistentes actúa y Alexander consigue inmediatamente una entrevista con Joseph Henry, quien pacientemente escucha los proyectos y experimentos del joven Bell, interesándose particularmente en aquellos en los que ha hecho importantes descubrimientos. Alexander no está para perder tiempo ni hacérselo perder a los demás, por lo que procede a hacer una demostración a su improvisado y asombrado anfitrión, teniendo la precaución de viajar a la capital del país con muchos de sus instrumentos de trabajo.

Al final de su exposición y descubriendo el interés del maestro secretario del Smithsoniano, Graham Bell tiene el atrevimiento de hablar del "telégrafo múltiple" y sobre todo, del "lenguaje electrónico". Henry no pierde detalle ni con los ojos ni con los oídos, y cuando termina la exposición, Joseph llena de aliento y ánimo a su joven expositor, diciéndole:

—Tiene usted en sus manos la semilla de un gran invento. Trabaje en él.

—Pero Maestro, no tengo los suficientes conocimientos acerca de la electricidad como para llevarlos a buen término.

Y la respuesta no puede ser más directa y contundente.

— ¡Adquiéralos!

Esta palabra da vueltas y vueltas en la mente del joven Bell: ¡Adquiéralos!, ¡Adquiéralos!, ¡Adquiéralos!

Es tanto su entusiasmo, que ese mismo día escribe en su diario y en una carta dirigida a su padres lo siguiente: "No puedo decirles cuánto me ha animado ese consejo. Una idea tan quimérica como la de telegrafiar sonidos vocales tiene que parecer a la mayoría de la gente tan difícilmente alcanzable como para considerar que no vale la pena perder tiempo en ella. Sin embargo, yo creo que eso es factible y tengo la clave de la solución del problema".

Y Alexander Graham Bell, una vez más, está en el camino correcto.

4

Interés de la Western Union Telegraph

ntusiasmado por su encuentro con el secretario del museo Smithsoniano, Aleck regresa a Boston y su alegría no es solamente por su aleccionadora charla con Joseph Henry sino porque, además, el presidente de la compañía Western Union Telegraph, el señor Orton, lo llamó para platicar acerca de su "telégrafo múltiple". Ninguna otra empresa podría estar más interesada en ello que ésta, incluso, tiene otra cita con el mismo ejecutivo para algunos días posteriores.

Cabe recordar que la Western Union es la compañía más importante y poderosa en su especialidad, la telegrafía, en toda América, y si su presidente informa favorablemente acerca del proyecto de Aleck, entonces la fortuna y fama estarán llamando a su puerta.

En su primer encuentro, el señor Orton es muy amable y cordial con Alexander, invitándolo a que se encuentren nuevamente en Nueva York, otra ciudad de mucho movimiento y crecimiento de Estados Unidos. Allí, los expertos en electricidad de la compañía revisarán sus proyectos y darán su opinión. Curiosamente, el joven profesor Bell tenía varios meses empeñado en interesar a la Western sin haber obtenido ninguna respuesta, favorable o no, a su proyecto, y ahora, ocurre exactamente lo contrario, es la WUC la que lo busca para que les dé una demostración de sus descubrimientos.

Cuando lo comenta con su compañero Thomas Watson, grita con entusiasmo un "¡Hurra!" porque considera aceptado su invento. Su entusiasmo no le permite ver la vida más que desde el punto de vista optimista, siendo Watson quien lo ubica diciéndole: "No estés tan seguro. He visto ocurrir muchas veces hechos parecidos. Espera a que todo haya sido consultado, revisado y resuelto. Solamente así puedes considerar aceptado tu proyecto del "telégrafo múltiple".

A la semana siguiente, Aleck ya está en la ciudad de Nueva York, instalado y listo para hacer una demostración de sus descubrimientos. Al cabo de un par de horas, Graham Bell se siente satisfecho con las pruebas, pero los rostros de los expertos de la Western Union Company no demuestran satisfacción ni están entusiasmados, por lo que el jefe de ellos le dice: "Reconocemos que el invento es teóricamente aceptable, pero el dispositivo armónico está expuesto a destemplarse con demasiada facilidad, exigiendo constantes reparaciones si no se quiere que resulte fuente de infinitos trastornos".

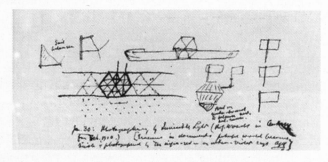

Algunos trazos realizados por Graham Bell , forman parte de los planos de sus inventos.

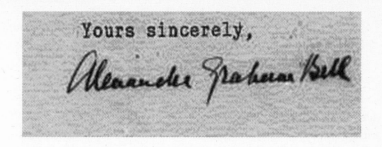

La firma del insigne inventor, Alexander Graham Bell.

El desánimo acompaña a Aleck de regreso a Boston, los expertos de la WUC descubren muy pronto el punto débil de su invento, por lo que ahora piensa que el "telégrafo armónico" no resultará nunca un éxito. Esto no quita que los dos amigos continúen con su trabajo; lamentablemente, por ahora, lo hacen con desgano y sin dedicarle sus sentidos a lo que hacen, empleado la mayor parte de su tiempo en el "lenguaje eléctrico" que es el "telégrafo múltiple".

Pero esto representa otro problema, ya que los patrocinadores de ese último proyecto, Sanders y Hubbard, tienen mucha fe únicamente en el "telégrafo múltiple", a tal grado, que firman un convenio en el que se comprometen a proveer todos los gastos de experiencias sucesivas y compartir las ganancias en caso de un resultado favorable; es decir, ¡se han repartido el pastel antes de empezar a prepararlo y cocinarlo!

La tensión en la que vive Alexander Graham Bell es inmensa, gracias a la respuesta negativa de la WUC; a que el "telégrafo múltiple" da malos resultados y nuevos fracasos, y el "fonoautógrafo" está en un punto muerto: no hay ningún avance en nada.

Por todo esto, Aleck decide abandonar sus clases para concederle más tiempo a sus experimentos, sin tomar en cuenta sus necesidades económicas, ya que su ropa empieza a estar raída, descuidada y deslucida, y por si no es suficiente, sus socios y amigos Sanders y Hubbard, quienes ignoran sus preocupaciones económicas, le insisten en que deje de lado sus teorías de la comunicación humana a distancia y trabaje en firme sobre el "telégrafo múltiple" hasta resolverlo en definitiva.

A pesar de estas presiones, el joven Bell siente y sabe que es mucho más importante preparar el camino a su nuevo invento, basado en la esperanza de dar con el secreto en cualquier momento.

Otra vez, la sabia naturaleza le manda señales a través de un incidente que parece sin importancia, pues la solución que tanto busca y que le dará el éxito, está tan cerca de él que por ese hecho no lo ha descubierto aún.

5

La "casualidad" se aparece
a los genios que la buscan

Alexander y Thomas viven en dos habitaciones situadas en lo alto del taller de Charles Williams, trabajando en sus experimentos durante el día y parte de muchas noches.

Un día muy caluroso de junio de 1875, trabajando arduamente como siempre con el "telégrafo múltiple" y resolviendo obstáculos a cada momento, Thomas Watson opera el transmisor que hace vibrar unas lengüetas al otro extremo, en un cuarto distante del que se encuentra Aleck, aproximadamente a unos 15 metros, quien a su vez templa la tensión de las lengüetas, escuchando con mucha atención y colocando su oreja izquierda lo más cerca posible de ellas, para escuchar los sonidos que producen.

Aleck se levanta enojado porque no logra avanzar en sus observaciones y dice: "¡Siempre lo mismo! Ya estoy harto de este "telégrafo múltiple", lo mejor será que..." En este momento, una de las lengüetas transmisoras deja de vibrar y Watson, quien no sabe qué es lo que sucede, la empuja para volver a colocarla y que se mueva; pero aquella parece atascarse cada vez con mayor fuerza a medida que Thomas la empuja. Por su parte, Graham Bell escucha al mismo tiempo un sonido parecido a "ping" muy tenue pero claro proveniente del cable.

El joven Bell levanta su cuerpo rápidamente escuchando aún el "ping" que suena a campanas celestiales a sus oídos; ese sonido solamente significa que el "milagro" está cerca, así que lanza un tremendo grito a Watson y corre hacia la habitación en que éste se encuentra, preguntándole: "¿Qué le hiciste? ¡No toques absolutamente nada! ¡Déjame ver y revisarlo todo!"

Al revisar todo minuciosamente y mientras escucha la explicación de lo sucedido de boca de Watson, Aleck tarda pocos segundos en explicarse lo acontecido: dos interruptores se trabaron, dando como resultado un electroimán que a su vez genera una corriente de electricidad. ¿Esto que significa?, ¡que es la famosa corriente ondulante que Bell tiene un año buscando con ansia! Sus vastos conocimientos de electricidad le permiten deducir que si esta corriente puede producir un chasquido, absolutamente nada puede impedir la transmisión de otros sonidos, incluida la voz humana, con toda su complejidad sonora.

Una excitación nerviosa invade a Alexander; no deja de pensar en lo que este "descubrimiento casual" significa para materializar el invento que permita el "lenguaje eléctrico", y la transformación que puede provocar en el mundo. Sin duda, es la excitación que experimenta toda persona que ha dado con la clave de los grandes descubrimientos: "Me siento como aquel que está observando el cielo con un telescopio y ve un nuevo planeta cruzar ante su anteojo"; y al mismo tiempo en que habla, empieza el ritual de la danza guerrera aprendida en la ceremonia de las Seis Naciones Indias de Ontario, Canadá.

Una vez repuestos de la agradable visita de la "casualidad" y anotado todo el hecho con detenimiento, repiten paso a paso, una y otra vez, las maniobras para reproducir el celestial sonido del "ping" al otro extremo del cable. En verdad que esta resonancia la pudieron haber escuchado miles de personas y no prestarle la mínima atención, pero Bell y Watson tienen los suficientes conocimientos de anatomía (el joven profesor sabe todo lo concerniente al oído humano), de física y acústica, por lo que el ya famoso chasquido indica claramente que el secreto para hacer "hablar" a un cable está revelado y en las mejores manos.

En realidad, este aparatejo eléctrico nunca será capaz de hablar, imaginar ni reemplazar a la mente humana; ni mucho menos hacer su voluntad; es un símil de aquel "hombrecito" que construyeron Melly y Aleck en su casa de Edimburgo, Escocia, cuando niños, en el que tanto se empeñaron para hacerlo hablar sin obtener resultados positivos.

Es importante destacar que la invención de lo que posteriormente será denominado teléfono, es decir, sonido a distancia, se debe a un conjunto de elementos que se fueron conjuntando, y sobre todo, al tesón, dedicación, estudio, experimentación y tenacidad de Alexander Graham Bell; a la inspiración que irrumpe como un relámpago en su mente, que le permite que un simple sonido producido accidentalmente lo ubique en el camino correcto de uno de los descubrimientos más importantes, no sólo de su tiempo, sino del actual, y con seguridad de varios más.

Pero regresemos a la misma tarde, amable lectora-lector, la más importante en la vida de Bell y Watson, en la que descubren por fin, la corriente ondulante que permite la transmisión de sonidos a distancia. El resto del día y hasta avanzada la madrugada, los dos amigos permanecen trabajando y mejorando lo ya descubierto, no importando el calor sofocante. El ánimo y la expectativa dan aire fresco a estos seres humanos empeñados en su proyecto. Una y otra vez reproducen el chasquido con lengüetas de diferentes materiales y tensiones; nadie en su juicio puede pensar que en aquella habitación del desván, en mangas de camisa y ya sin corbata, la comunicación humana a distancia está viviendo una transformación total y definitiva.

Al obtenerse la corriente ondulante, lo demás debe ser más sencillo para hacer "hablar" a un dispositivo mecánico, por lo que antes de retirarse del taller, Aleck comenta con Watson que es necesario que construya los primeros dos teléfonos inmediatamente. El joven ayudante pasa las pocas horas antes del amanecer trabajando en ello y para cuando los primeros rayos solares iluminan la ciudad, ya están listos los dos aparatos.

Por la mañana, más frescos y motivados que nunca, los dos jóvenes empiezan a trabajar en el descubrimiento. Lo primero a resolver es la distancia en que probarán los aparatos, ya que las dos habitaciones en las que trabajan están muy próximas y los sonidos producidos en una puede llegar sin dificultad a la otra. Por lo tanto, Watson tiende un cable hasta su banco de trabajo, situado en la planta baja del edificio, lo conecta y así lo dejan.

Por la noche, cuando ya no hay nadie que los interrumpa en el taller, los dos jóvenes experimentadores están nuevamente solos. Thomas conecta los teléfonos a los cables y va hacia abajo para escuchar, en tanto que Alexander espera la señal de que su compañero ya está en su lugar. Toma el aparato y empieza a cantar y gritar, y luego es Watson quien habla y habla sin parar; ¿el resultado?, no hay ningún sonido que salga por ninguno de los aparatos, al menos eso parece.

Unos larguísimos segundos tarda Watson en subir a la habitación de Bell para decirle precipitadamente y casi ahogándose por el esfuerzo: "¡Pude escucharte, Graham! ¡entendí casi todo lo que dijiste! ¡Casi todo!

La mitad de la noche la pasan hablando por "teléfono", escuchando sus voces, débiles aún a través del auricular. Aleck sabe perfectamente que ese aparato, más temprano que tarde permitirá el habla entre dos personas alejadas físicamente pero comunicadas por sus voces por medio de un "teléfono", y como no puede utilizar su nuevo invento para comunicarse con el señor Hubbard, le envía una carta, diciéndole: "Acabo de hacer un descubrimiento casual de la mayor importancia. Mañana por la noche iré a visitarlo y se lo explicaré ampliamente".

A pesar de los grandes esfuerzos por parte de Alexander por explicarle y mostrarle físicamente a su suegro las enormes ventajas del teléfono, éste está más que escéptico y decepcionado del que puede ser su futuro yerno, ya que considera que está desperdiciando tiempo y dinero en lugar de concretar lo que a él le interesa: el "telégrafo múltiple", y no ve los enormes alcances de la naciente telefonía, prefiriendo ir a lo seguro, a lo que ya funciona y puede mejorarse.

Al cabo de algunos meses de esta demostración, el abogado Hubbard toma la determinación de poner un ultimátum a Bell: o deja de lado sus "absurdas ideas del teléfono" y se dedica al telégrafo, o tendrá que despedirse de su idea de casarse con su hija Mabel y del patrocinio a sus experimentos. Nada más injusto para Aleck, quien no comprende por qué mezclar dos situaciones totalmente ajenas y diferentes de su vida profesional y personal; nunca nadie, ni un genio como Alexander Graham Bell, ha estado tan enamorado, por lo tanto, la decisión de casarse con Mabel o continuar con el teléfono es algo que hay que meditar considerablemente bien, porque en esta ocasión, la razón y el entendimiento están peleados con el corazón y eso ¡duele... y mucho!

La noche es más oscura poco antes del amanecer

Los apuros sentimentales y económicos para Alexander Graham Bell aumentan conforme avanzan los días. Lamentablemente para él, sus pocas pertenencias no valen mucho y son difíciles de vender inmediatamente; además, está cerca de obtener la patente para su invento, misma que ahora no vale nada, pero que dentro de tres años producirá millones de dólares a muchas personas involucradas en el proyecto.

Por lo tanto, no hay gastos en ropa ni utensilios super-fluos, sólo y exclusivamente para alimentos, por lo que Aleck, al mirar su traje roto y ya sin reparación posible siente muchas ganas de llorar, y aunque evita el llanto abierto, no puede hacerlo cuando dos lágrimas escapan de sus ojos, mismas que limpia con coraje y determinación: no es tiempo para sentimentalismos cuando se está tan cerca de la gloria y que por un mal cálculo o debilidad se descienda hasta el infierno del deshonor.

El inventor escocés pide un adelanto en la Escuela de Oratoria pero le sirve únicamente para cubrir viejas deudas y gastos diarios: debe el alquiler del cuarto en Boston y del sótano de la casa de la abuela de Georgie. Tiene mucha vergüenza al pensar en solicitar otro préstamo a Sanders, comprarse un traje nuevo y llegar bien presentado ante el abogado Hubbard para impresionarlo. El descubrimiento hecho por Bell es tan sencillo que ni sus amigos más cercanos creen que funcione y ni hablar de solicitar más crédito a su suegro; eso está totalmente descartado, con esto lo impresionaría pero negativamente.

Otra vez, la naturaleza, su ángel guardián, Dios o quien quiera que maneje el futuro, está atento a todo lo que le pasa a Alexander y nuevamente está a punto de intervenir. Cuando está finalizando agosto de 1875, Aleck visita a sus padres en Brantford y en un recorrido por la ciudad, ve pasar el carruaje de su vecino, el honorable George Brown. De inmediato coinciden en pensamiento los dos Alexander, Melville y Graham: es el mejor candidato para solicitarle un préstamo.

George Brown es un exitoso ganadero, y propietario y director del periódico *Daily Globe* de Toronto, leído cuando menos por la mitad de la población de todo el Estado, es amable en extremo cuando las situaciones le son favorables, pero tiene mala fama cuando no son así, destacando su temible personalidad, acentuada por los más de un metro ochenta de estatura.

Lo más que requiere Aleck son, máximo, trescientos dólares, que le den un margen de tiempo de manos libres para concretar su proyecto y la patente, y después, ¡a cobrar como todo un empresario y hombre de negocios, inventor del teléfono; el primer aparato de comunicación humana a distancia!, pero antes hay que resolver este aparentemente sencillo paso.

El señor Brown recibe a Graham Bell con amabilidad y cordialidad, como es usual con los vecinos. El joven expone sus ideas y el anfitrión muestra más interés del esperado, por lo que sabe que le solicitará dinero como adelanto de su patente. Simplemente recibe una pregunta.

—¿Qué cantidad cree usted necesaria?

—Estimo que doscientos o trescientos dólares, aunque considero necesarios trescientos, si es posible —contesta nervioso y titubeante el inventor.

George no responde de inmediato. Piensa que trescientos dólares son muchos y si además, hay riesgo de que su proyecto no funcione, ¿qué es eso de poder hablar a través de un alambre común y corriente? Es absurdo, pero este joven Bell parece cuerdo e inteligente, por lo que le dice a su joven vecino directamente:

—Trescientos dólares a pagar en seis meses; veinticinco por mes de mi parte y otro tanto que aportará mi herma-

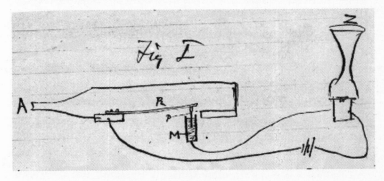

Diagrama para el teléfono dibujado por la mano de Graham Bell.

no Gordon. Trescientos en total, insisto, ¡sólo por seis meses! Por lo que es posible que consigamos el dinero. Pero antes deseo examinar una copia de los planos de su patente, así nos ahorraremos bastantes molestias si el invento estuviera ya en marcha —y continúa:

"Esta tarde voy a partir para Ottawa, ya sabe que la política y los negocios no esperan, pero en cinco minutos podemos dejar arreglado este asunto de su cable parlante. Me gustaría complacer a un vecino, pero en materia de negocios no puedo arriesgarme sin ninguna base. Nadie puede afirmar que esa máquina suya soportará las pruebas prácticas. Es posible que, a fin de cuentas no valga nada. En cualquier caso, no podrá ser ofrecida al público antes de algunos meses... o años, quizá no en el tiempo que me resta de vida. Todavía no ha solicitado usted la patente y en ese trámite se producirán demoras y no poco riesgo, pero si mi hermano y yo pudiéramos adelantarle el dinero, ¿qué términos sugiere usted?"

Aleck tarda en contestar pues está desesperado por falta de dinero o se estancará, y otros que ya están trabajando sobre el mismo proyecto pueden llegar antes al éxito que él, por lo que demorarse es sumamente peligroso. Por lo tanto, hay que ofrecer ganancias sobre el posible éxito del teléfono. Entonces comenta:

—Si usted obtiene ese dinero, le concederé la mitad de los derechos en Gran Bretaña y en el exterior. Pero debe saber que un invento no puede ser patentado en mi país si ya se ha obtenido otra en un lugar diferente, por lo que tendré que asegurar mi patente británica antes de solicitar una en Estados Unidos. Por ahora me es imposible viajar hacia allá, por carecer de medios, pero entiendo que usted sí irá dentro de pocos días. Si tuviera usted la amabilidad de visitar la Oficina Británica de Patentes y tramitar esa solicitud, el beneficio será mutuo.

George Brown está de acuerdo y se despiden dándose únicamente un apretón de manos, que los compromete a cumplir cada quien su parte correspondiente. Así queda sellado el pacto entre caballeros. Graham Bell regresa a Boston totalmente motivado, por lo que completa los planos en los que trabajó en Brantford y envía una copia a Brown con la esperanza de que le lleguen a tiempo y a él el dinero correspondiente.

Transcurren quince largos días sin que Aleck reciba una respuesta, por lo que debe reanudar sus lecciones cuyos honorarios ya no le serán cubiertos porque ya han sido pagados por adelantado. Así transcurren octubre y noviembre y no hay noticias de George Brown, incluso, su padre le escribe diciéndole de un encuentro con el gobernador del Estado en el que no estaba Brown, y para alegrarlo un poco, le arranca una sonrisa al escribirle una posdata: "Ten por seguro que en cuanto el "telégrafo sonoro" esté en marcha, tu padre te enviará a través de él uno de sus estornudos, y ya sabrás de quién es".

El 25 de noviembre de 1875, aunque Bell no tiene ninguna respuesta de Brown, recibe con mucha felicidad el permiso de los Hubbard para llevar por buen cause su relación con la joven y hermosa Mabel. Y es que la señora objetó a su esposo que no era justo que interpusiera los negocios con la vida privada y logró convencerlo de ello.

Así, ese mismo día escribe a su madre, lleno de felicidad: "Este día ha sido aprobado por el gobernador de Massachussets como *Día de Acción de Gracias* por el *Commonwealth*, siendo para mí un verdadero día de Acción de Gracias. Mabel se ha confiado a mí y ha prometido ser mi esposa. Hoy es su cumpleaños número dieciocho. Tengo demasiadas cosas en el corazón para poder escribirte mucho".

Para fines de 1875, las noticias sobre George Brown siguen sin llegar. No sabe Alexander que el ganadero ha pospuesto su viaje a Inglaterra, por lo que, después de Navidad, busca a su despistado benefactor y logra renovar el acuerdo en el cual, Brown recibiría la mitad de los derechos que obtenga Aleck en Inglaterra, a cambio de un crédito a razón de cincuenta dólares por mes durante no más de seis meses, incluyendo el pago de las patentes.

Graham Bell, mientras tanto, empezando enero de 1876 abandona las habitaciones en las que vivó los últimos meses en el desván del taller de Williams. Sospecha que estando en esa fábrica con puertas abiertas al público, fácilmente pueden sus rivales espiarlo y robarse parte de los secretos o todo el proyecto. Esta poderosa razón lo lleva a buscar un lugar más adecuado, discreto y cerrado, encontrando dos habitaciones en Exeter Place, una de ellas para dormitorio y la otra para transformarse en el laboratorio de Watson. Los dos cuatros son cómodos y el par de amigos y compañeros pueden continuar su arduo trabajo sin molestia ni intromisiones de extraños.

Mientras tanto, casi sin desearlo, George sale para Inglaterra hasta los últimos días de enero de 1876, prometiendo girar el dinero en cuanto llegue a su destino al otro lado del océano Atlántico. Esta promesa no la cumple y Graham sabe el por qué: George es de las personas que creen que el "cable parlante" es un juguete, nada serio y mucho menos producirá la cantidad de dinero que se dice. ¡Craso error! Al no acudir a la Oficina de Patentes, tira a la basura una enorme fortuna, no solamente para él y sus herederos, sino para el propio inventor.

Por esta lamentable circunstancia, sucedida a miles de kilómetros de Estados Unidos, la patente en ese país está detenida, desesperando a Aleck y al abogado Hubbard, quien finalmente ya está totalmente convencido de lo que vale el invento de su yerno y quiere protegerlo, por lo que, al no tener noticias de Inglaterra y como consejero legal de Alexander y sin consultarlo, toma la decisión de presentar una solicitud de patente en la oficina correspondiente.

¡Justo a tiempo por dos horas!, ya que el rival de Aleck, Elisha Grey, también presenta una solicitud de patente de su invento conocido como *chaveta*, que pudo haberle causado a Graham Bell muchos problemas y dolores de cabeza, incluso, una enorme fortuna. La solicitud de éste último sigue su trámite y es aprobada el 3 de marzo de 1876, exactamente el mismo día en que su inventor cumple veintinueve años de edad.

Durante los diez meses anteriores, los avances sobre el "lenguaje eléctrico" o teléfono, parecen estancados. No hay avances por ningún lado. La maravillosa máquina sólo habla en sordina, entrecortada como por jadeos y carraspeos, pero sin lograr transmitir con claridad ni voz humana ni ningún otro sonido que los descritos; solamente cuando Alexander grita puede escucharse un lejano eco de lo que dice.

Un poco de desesperanza invade a Bell y a Watson ya que han probado toda clase de discos y membranas, y ensayado todas las combinaciones posibles, y el resultado es el mismo: nada. Los días forman semanas y éstas meses, y sienten que ya no hay nada que hacer, que tal vez todos sus estudios y ensayos solamente engrosaran el libro de los fracasos, y que la comunicación humana a distancia es una utopía imposible de llevar a cabo. Lo único que los alienta es saber que la persistencia y coraje de hombres valiosos les sirvió para no cejar en su empeño y conseguir avances para la humanidad, como el italiano Galileo Galilei con el telescopio, el inglés George Stephenson con la locomotora de vapor, los estadunidenses Samuel Finley Morse con el telégrafo y Thomas Alva Edison con la lámpara de arco, y hasta el italiano Cristóbal Colón con la llegada a la India rodeando al mundo y descubriendo un nuevo continente.

Y ¿para qué es la naturaleza y la divinidad sino para ayudar a quienes imploran un milagro como Bell y Watson? Una vez más, la "casualidad" aparece en su mundo y durante el transcurso de la noche del 10 de marzo de 1876, Thomas prepara lo que llaman la prueba final, la cual consiste en un nuevo transmisor que han construido para obtener una corriente ondulante más poderosa que las anteriores, mediante el uso de un circuito que está conectado a una batería galvánica.

No hay ninguna razón para suponer que este experimento tendrá mejores resultados que los ya llevados a cabo Alexander supone que tendrá que lanzar gritos a través del auricular para que lo escuche su compañero al otro lado de la línea, pero los dos saben que los ensayos pueden tener variantes, tal vez las necesarias, para poder llegar a los resultados esperados y esta esperanza sigue latente en sus corazones.

La oscuridad de la noche contrasta con la iluminación de los cuartos que utilizan Bell y Watson, colocados en sus respectivas y alejadas habitaciones. Thomas está listo esperando el inicio de la prueba y atento a cualquier sonido que salga del aparato receptor. Alexander Graham se prepara para probar su invento por primera vez, entonces, en un movimiento descuidado, derrama parte del ácido de la batería sobre su ropa. Su ayudante, quien espera en el sótano de la misma casa, escucha decir por el auricular a su jefe desde el desván: "¡Señor Watson!, ¡ven pronto aquí, quiero verte!" y él corre hacia donde está su amigo: ¡Se ha llevado a cabo la primera llamada telefónica y el primer llamado de auxilio! ¡Uno de los más grandes inventos de todos los tiempos ha aparecido!

Alexander es auxiliado por su compañero al mismo tiempo en que le informa lo fuerte y claro que escuchó su voz, por lo que el dolor causado por el ácido pasa a segundo término y corre hasta el sótano para escuchar a su vez la voz de Thomas. Así transcurren varias horas en que los dos hombres van de un cuarto al otro cantando, recitando versos, clamando salves a la reina, la misma que dos años más tarde será su anfitriona para que le hagan una demostración de su teléfono; a la misma reina Victoria de Inglaterra en persona.

Por supuesto que después de probar y comprobar el buen funcionamiento del naciente teléfono, Alexander Graham Bell no tarda en escribirle a su madre esa misma noche: "Este es un gran día para mí. Siento que por fin he dado con la solución de un gran problema y que está próximo el tiempo en que los cables telegráficos se instalarán en las casas particulares, lo mismo que el agua corriente o el gas, y los amigos conversarán entre sí desde sus respectivos hogares".

Escondido durante el Centenario de Independencia

En el verano de 1876, los habitantes de Estados Unidos están listos para celebrar el primer centenario de su independencia de los ingleses, teniendo como sede principal la ciudad de Filadelfia, cuna de su Constitución. Muchos quieren un espacio, aunque sea pequeño y modesto, en las muchas exhibiciones que han organizado.

Al principio, Alexander no piensa en preparar su invento para una exposición pública de su *cuento,* como lo denomina el periódico *Times* de Londres, pues requiere de más tiempo para introducir mejoras al aparato. No obstante, tardíamente, decide que sí y cuando quiere exponer su invención en el área correspondiente a los aparatos eléctricos, solamente por la influencia del abogado Gardiner Greene Hubbard, su suegro, logra un espacio entre los destinados a temas escolares de Massachussets. Sin embargo, el aparato que comunicará al mundo, queda incrustado en un estrecho hueco, justo debajo de una escalera en donde permanece inédito por espacio de 45 días.

El señor Hubbard informa a Graham que el jurado de la exposición llegará a la sección eléctrica el domingo 25 de junio de 1876, por lo que el inventor tendrá que acudir para que haga la exhibición de su aparato de comunicación humana a distancia, pero... existe un grave problema: Aleck tiene que quedarse en Boston para llevar a cabo los exámenes finales de curso en la Escuela para sordomudos. Un problema que es resuelto gracias a la intervención de la joven Mabel, quien impulsa a su novio para que aborde el tren y parta para Filadelfia.

Sin embargo, existe otro factor en contra de la presentación del teléfono "en sociedad", ya que ese domingo, desde la mañana, el calor es agobiante y más dentro de la feria, por lo que los pocos visitantes que hay (los domingos no hay paso a las visitas), jurados, expositores y hasta el mismo Graham Bell, solamente piensan en ir a sus casas a refrescarse y olvidarse de todo lo que es estar en la calle, soportando tanto calor.

Entre el declive de la tarde y la llegada de la noche, el jurado está por llegar al final de los exhibidores de la sección eléctrica. El comité calificador tiene entre sus miembros a destacados hombres de ciencia, como sir William Thomson, conocido como Lord Kelvin, eminente científico; el conocido secretario del Museo Smithsoniano, Joseph Henry, quien estimuló grandemente al inventor, el mismo rival de Aleck, Elisha Grey y muchos otros igualmente respetados y queridos por la comunidad.

Dentro de los invitados especiales, destaca la figura del emperador Pedro Segundo de Brasil y de su esposa la emperatriz. Don Pedro, como lo conocen, es un hombre robusto, activo e incansable; está en todas partes, pregunta, admira, asienta y recorre todos los exhibidores que puede, por lo que el recorrido de ese domingo ha sido sumamente lento. Por este motivo, el Jurado decide que solamente visitará un puesto más, justamente el inmediato anterior en el que está Aleck con su teléfono, alejando toda posibilidad de obtener algún premio o nominación por su invento.

Ya ni que decir. Nuevamente, la buena estrella de Alexander Graham Bell, un elegido de los dioses griegos y romanos, si cabe la expresión, aparece para brillar intensamente y llamar la atención del invitado especial. Aleck ve de cerca como el Jurado y su distinguido visitante están a punto de partir de la feria, pero de repente, don Pedro mira fijamente a un joven alto, de tez blanca y pálida, de cabello y ojos oscuros, parado al pie de una escalera, luciendo una amplia sonrisa de reconocimiento, y se dirige hacia Aleck extendiendo sus brazos para estrecharlo.

Alexander también lo recuerda pues es el mismo que, semanas atrás, visitó la Escuela para Sordomudos de Boston y conversó ampliamente con él, llevándose una muy grata impresión del instructor encargado de la educación especial, difícil de olvidar tan pronto, por lo que, después de abrazarlo, el emperador de Brasil le pregunta:

—¿Cómo está usted, señor Bell? Me alegro mucho de volver a verlo. ¿Cómo siguen sus clases con los sordomudos, allá en Boston?

—Espero que muy bien, Excelencia —responde Aleck con alegría—. Los he abandonado por hoy, pero debo regresar a Boston esta noche, ya que mañana empiezan sus exámenes.

—Me dará mucho gusto que se quede más tiempo, tengo mucho interés en conversar otra vez con usted.

—Cuando su Excelencia disponga —responde diplomática y amablemente el inventor escocés—; pero por ahora me atrevo a solicitarle un favor. Tengo aquí una máquina parlante, eléctrica, que deseo exhibir a su Excelencia, si se digna a concederme unos minutos antes de retirarse.

—¡Ah!, con gusto, veámosla.

Esta plática llama la atención de los miembros del jurado, quienes, por cortesía, esperan a que don Pedro decida retirarse del edificio de la feria, y de paso preguntarse quién es ese joven de abrigo muy gastado que habla con tanta familiaridad y confianza a un emperador, por lo que solamente hay una forma de saberlo: quedándose hasta el final de la exposición de Aleck.

Los aparatos telefónicos están convenientemente distribuidos a quince metros de distancia. Alexander ocupa su lugar mientras el emperador brasileño hace lo mismo con el suyo, y estando todo listo, el inventor recita la parte que más le gusta de la obra de William Shakespeare, *Hamlet*: "Ser o no ser, he aquí el dilema..." al mismo tiempo en que Graham habla, llegan a su mente las imágenes de su abuelo cuando le enseñó a recitar con precisión y belleza a los clásicos, sobre todo ingleses.

El joven Bell está extasiado recitando sus versos a distancia mientras que don Pedro y los miembros del jurado se turnan para escuchar esta encendida declamación, hasta que sir William Thomson, presidente del jurado, dice resuelto: "¡Yo también voy a hablar!", siendo Elisha Grey quien escucha la siguiente frase del mismo monólogo de *Hamlet*: "¡Oh, sí, ése es el obstáculo" y el otro inventor recita al cada vez más interesado jurado, quienes al final aplauden generosamente por esta exhibición inesperada; ya el calor y la prisa han desaparecido en ellos.

El nuevo teléfono ha causado gran asombro entre el jurado, incluso, sir Thomson comenta en voz alta: "Es algo

Alexander Graham Bell demostrando su maravilloso invento.

totalmente maravilloso, lo mejor que he visto en América", llenando de orgullo al sorprendido Graham, ya que es el elogio que más aprecia por venir de uno de los hombres de ciencia más importantes de esta época. Por fin termina la demostración y todos estrechan la mano y felicitan a Aleck. Por la mañana, el teléfono es trasladado al pabellón de los jurados para poder examinarlo, escucharlo y enseñarlo a sus amigos. Curiosamente, uno de los hombres más serios y tosudos de los miembros del jurado y científico de mucho respeto entre la comunidad, junto con su esposa, pasan horas enteras, como dos niños traviesos, hablando y escuchando a través del teléfono. Es uno de esos días en que no les importa nada ni nadie; ellos se divierten y saben que ese nuevo aparato revolucionará la comunicación humana a distancia, igual o mejor que el telégrafo.

Debido al cumplimiento cabal de sus obligaciones para con sus alumnos sordomudos, Alexander toma el tren de regreso a Boston, sin poder ocultar una amplia sonrisa de satisfacción por los resultados del día anterior. Sabe que, por enésima vez, la "casualidad" ha estado de su lado y esto lo agradece al cielo con oraciones, ya que ha vivido uno de sus días más gloriosos.

Aleck, después de examinar a sus alumnos en Boston, regresa a Brantford a los quince días de finalizar la feria para descansar y compartir el triunfo con sus padres, con nadie mejor que ellos, quienes a su vez lo comparten con sus vecinos, explicándoles todo el proceso que ha llevado la invención del teléfono. Muchos de ellos ahora entienden el porqué de muchas de las expresiones del joven Bell, de las muecas y gestos ante el espejo, de los "locos" "¡Ah!" y "¡Oh!" que escucharon durante muchos días.

Curiosamente, hay personas, sobre todo mayores de sesenta años, que no le ven ninguna utilidad práctica al teléfono del que se hace tanto escándalo, por ejemplo, una vecina del matrimonio Bell quien dice seriamente: "Dios sabe que no hay poca gente a distancia con la que preferiría no hablar", como si fuera una obligación hacerlo, y además, creen que un aparato tan pequeño, que cabe en una maleta de viaje, no puede ser tan importante como dicen.

Los dos Alexander, Melville y Graham, planean la forma correcta y apropiada para instalar el teléfono prácticamente, llegando a la conclusión de que la galería es el lugar adecuado para el transmisor, y un establo, lo suficientemente alejado, es lo mejor para el receptor. Utilizan un rollo de cable que lleva Aleck para conectar los dos aparatos. Al principio de las pruebas, apenas se escucha una voz lejana, por lo que tienen que gritar para ser escuchados.

Algunos días después, instalan el invento en el interior de la vivienda, pasando el cable de una habitación a otra, y una vez satisfechos con el resultado, practican pasando el cable alrededor del edificio, bajo los aleros. A la noche siguiente, invitan a algunos vecinos a que presencien el experimento, por lo que los asistentes pasan una velada estupenda, hablando y escuchando voces conocidas a lo lejos, a través del aparato telefónico, inclusive, un cantante de la iglesia de la localidad también participa interpretando el himno "Te necesito a cada hora" y todos sonríen divertidos. Muy pronto, todos podrán comentarse lo que quieran a través de este mismo invento.

6

¿Funcionará a grandes distancias?

Esta es la pregunta que se hacen padre e hijo Bell, por lo que deciden probarlo entre Brantford y una pequeña aldea situada a tres kilómetros del camino real, de nombre Mount Pleasant. Por supuesto que no hay cable que alcance para esta distancia y solicitan a la compañía Telegráfica del Dominio, utilizar sus líneas. Una vez obtenido el permiso correspondiente, disponen que Aleck se instale en la oficina de Mount Pleasant, al lado del receptor y su tío David Bell al otro extremo, en Brantford: recitará parte de los famosos versos de Shakespeare de su obra *Hamlet*, sin duda, los preferidos de la familia desde siempre.

Al principio no se escucha nada, cada quien revisa en sus aparatos que estén bien conectados a las líneas telegráficas y a la hora señalada para iniciar la transmisión, David tose y carraspea ante el aparato transmisor, permitiendo que Aleck sonría al otro extremo; después, la potente voz del tío empieza a escucharse en Mount Pleasant cuando dice: "Ser o no ser. He aquí el dilema..." La transmisión es todo un éxito, permitiéndoles saber que el mecanismo funciona igual cerca que a distancia; ni hablar, el teléfono tiene futuro.

Los Bell están tan emocionados haciendo las demostraciones del teléfono casi en familia, que el padre Bell decide ofrecer una recepción en su hogar, en el "Melville House" para que asistan nuevamente sus vecinos, como un homenaje a su hijo como inventor. Para este efecto, nuevamente es pertinente obtener una autorización de la Compañía Telegráfica del Dominio, misma que es concedida por espacio de una hora, e inmediatamente disponen hacer la conexión entre Mount Pleasant y Brantford.

Hay un problema por resolver, pues de la casa de los Bell hasta el camino donde está el cable telegráfico hay una distancia de cuatrocientos metros, mismos que no pueden ser cubiertos con los pocos metros de cable que posee Aleck. Sin embargo, esto no es obstáculo para alguien acostumbrado a superar retos calificados de imposibles. Va hacia el coche, coloca el transmisor cuidadosamente en la parte trasera para que no se mueva y va hasta Mount Pleasant, donde compra todo el alambre que está a la venta, lamentando que no esté aislado.

Regresa a su casa y solicita a sus vecinos McIntyre y Brooks que lo auxilien en el tendido del cable a lo largo de la cerca hasta el camino real; solamente que tienen que esperar hasta que el señor Brooks termine sus impostergables tareas en el campo, lo cual sucede entrada la tarde. Los tres ponen manos a la obra, hacen el tendido hasta toparse con un pequeño puente de alcantarilla bajo el cual es preciso deslizar el alambre y no encuentran la manera de hacerlo.

El chico Leslie mira de cerca el trabajo del trío y se ofrece para arrastrarse bajo el puente y pasar el cable. ¡Toda una proeza para alguien que ayuda voluntariamente a tender la primera línea telefónica de larga distancia en el mundo, y además, recordar para siempre que el mismo inventor, el señor Alexander Graham Bell, lo ayuda a sacudirse el polvo de su ropa.

Una vez traspasado el pequeño puente, lo demás es sencillo, descubriendo que aunque el cable no esté aislado y bajo ciertas condiciones del terreno, no existe la más mínima interferencia ni distorsión en la comunicación. Así como el trabajo del tendido de la línea telefónica no pasa inadvertido para el chico Leslie, tampoco lo es para los demás vecinos, quienes miran curiosos los trabajos que pasa el trío, ahora convertido en cuarteto, preguntándose ¿a dónde quieren llegar con ese alambre?, ¿para qué servirá? Incluso, una anciana le dice a su nieto: "En mi vida he escuchado y visto muchas cosas raras, pero eso de jalar un alambre a través del campo para hablar por él, es la más estúpida idiotez de que escuché jamás".

La anciana señora tal vez nunca comprenda la importancia de, cuando menos, ser testigo de un hecho e invento que está llamado a revolucionar la comunicación humana a distancia.

Cómo la anterior demostración salió bien y pensando en la intervención de un trío de jovencitas, Aleck provee un teléfono con triple embocadura, afirmando la idea de que más de una persona puede hablar al mismo tiempo a través del teléfono, y sobre todo, ¡haciendo modificaciones y mejoras a su invento! sin tan siquiera estar completamente seguro si funcionará o no.

La "Melville House" parece estar de fiesta, ya que el día de la demostración del invento de Aleck llegan más de cien personas llenas de curiosidad y congestionando el pequeño camino de acceso a la casa con coches y caballos estacionados donde encuentran un hueco. Solamente en las fiestas de cumpleaños se ve tanta gente reunida en una sola residencia. Allí, todos los presentes escuchan al trío de jovencitas cantar sus mejores melodías desde Mount Pleasant hasta Brantford, todo un acontecimiento de la comunidad.

Y ya encarrerados en demostraciones, ahora es el turno de hacerlo entre Brantford y París, pero no Francia, sino Ontario, situada esa ciudad a unos doce kilómetros de distancia, donde residen los excelentes amigos que forman la familia Henderson. Otra vez obtienen el apoyo incondicional de la Compañía Telegráfica del Dominio, indispensable. Todo está dispuesto para la actuación del tío David

Bell, ya diestro en esto de mandar mensajes hablados a largo alcance y Alexander Graham, quien estará en París con el receptor.

Una vez que llega el joven Bell a su destino, dirige sus pasos hasta la compañía telegráfica y conecta su teléfono a la línea; luego revisa su receptor y espera, con cierta impaciencia de su parte. Por fin inicia la transmisión pero esta vez solamente se escuchan ruidos estáticos y algunas lejanas voces que cantan, hablan y ríen, nada digno de comentar.

Y es que el teléfono es aún unilínea, es decir, no puede haber un diálogo entre emisor y receptor por carecer de un dispositivo de doble faz, pero Aleck sabe dónde está la falla. Telegrafía a Brantford para que hagan algunas modificaciones a las bocinas, permitiendo que las voces lleguen con toda claridad hasta el poblado de París.

Alexander Graham Bell goza con las exitosas pruebas pero todo el tiempo está pensando en mejorar su invento. Por ahora está intrigado con un detalle, el día de la prueba cree escuchar la voz de su padre entre las muchas que hay, quien supuestamente estaría ausente de la reunión por otros compromisos, pero finalmente logró estar y así queda satisfecho el joven Bell.

Muchos estudiosos de la vida de Alexander Graham Bell creen que este día, el jueves 10 de agosto de 1876, debe señalarse destacadamente en la historia de la comunicación humana lejana, porque es cuando, realmente, se lleva a cabo el primer mensaje a larga distancia por un auténtico cable construido para ese fin, aunque para utilizarlo en el telégrafo.

El "telégrafo parlante" debe convertirse en teléfono

Nadie de los que han podido ver las demostraciones exitosas del invento de Alexander Graham Bell dudan de que es capaz de hablar, pero hasta ahora es imposible hacerlo de regreso, es decir, que pueda entablarse una verdadera comunicación y diálogo entre emisor y receptor. De otra forma, el teléfono puede convertirse únicamente en un "telégrafo parlante" como fue concebido al principio en la mente de Aleck, y no, ahora el asunto es convertirlo en un auténtico teléfono y vía de comunicación entre dos o más personas.

En cuanto regresa a Boston, Alexander Graham y Thomas Watson retoman el reto de convertir el teléfono en un aparato de "ida y vuelta" al mismo tiempo, y para ello, requieren de la doble faz, de una especie de lanzadera por medio de un solo cable, nada más simple y sencillo ¡cuando ya se tiene la solución!

Y realmente no es nada complicada, aunque les lleva varios meses a los amigos y compañeros en lograrlo. Descubren y deducen que fijando unos discos metálicos delgados a la membrana de cada uno de los diafragmas, formando lunares o parches, el mismo cable sirve para hablar y escuchar, ¡por fin al teléfono como lo conocemos actualmente ha sido creado!

El nuevo aparato telefónico es probado constantemente por Bell y Watson, primero en los cuartos de Exeter Place, lugar ideal para trabajar sin molestias e interrupciones. Al cabo de mas de ocho intensas semanas de pruebas, deciden que es hora de probar una conversación de doble faz en una verdadera línea, y recuerdan que tienen como amigos a los hermanos Walworth, fabricantes con oficinas en Boston y el taller en Cambridgeport, lejano tres kilómetros.

Aleck obtiene el permiso de inmediato para efectuar este primero e importante experimento de doble faz, utilizando la línea telegráfica privada que comunica a los dos edificios. Deciden que es mejor esperar que estén libres de empleados y en silencio, evitando, de paso, alguna posible filtración de sus pruebas a personas que puedan robarles su creación. Bell espera en la oficina de Boston una señal de

Watson, quien a su vez conectará el otro aparato a la línea del telégrafo particular.

Al llegar al taller en Cambridgeport ya de noche, empiezan los obstáculos, ya que el vigilante no deja pasar a Thomas, quien tiene que hacer uso de sus desconocidas dotes de convencimiento para que le den el paso libre; por fin lo logra, hace las conexiones pertinentes y espera escuchar algunas palabras en el aparato, siempre seguido de cerca e inquisitivamente por el desconfiado vigilante.

El silencio y las fuertes respiraciones de Watson y del vigilante son los únicos sonidos que se escuchan como respuesta a los gritos que el compañero de Bell lanza, pero no oye nada más, aunque sabe bien que Aleck tiene que estar hablando también a gritos del otro lado. Vuelve a intentarlo Thomas y la respuesta es nada más un aplastante silencio. Examina las conexiones, reajusta el teléfono, luego escucha y llama nuevamente. ¡Siempre aquel silencio! ¡el aparato está absolutamente mudo!

Desde luego que algo no funciona, por lo que Watson reflexiona diciendo en voz alta: "La corriente eléctrica de Walworth es suficientemente intensa, no hay duda, ¿puede ser una pérdida de energía, algún escape que debilite la corriente?" Revisa todo nuevamente sin encontrar falla alguna, prueba gritando a través del teléfono sin obtener ninguna respuesta. Se deja caer en su silla desalentado y cansado, intuye que la única comunicación que tendrá con Alexander es cuando regrese a Boston y le diga que el experimento fracasó.

Thomas empieza a desconectar cables cuando de pronto otra posible falla pasa por su mente como un rayo: ¿existirá algún otro cable en la fábrica, una conexión o toma que reste fuerza a la corriente y no llegue la suficiente al teléfono? Y Watson tiene que confirmar su teoría de la única forma segura y posible, siguiendo el cable desde donde entra al edificio. Así lo hace, observado y seguido muy cerca por el vigilante, quien lleva un farol para iluminar el camino por donde van.

Casi al final de la línea y desalentado por no encontrar la posible fuga, el dúo llega hasta una oficina cerrada a la que no le es permitido el acceso a nadie que no sea de la fábrica. Thomas insiste y otra vez, con el disgusto reflejado en el rostro, el vigilante toma una llave, corre el cerrojo y abre la puerta. Watson queda entre sorprendido y feliz, ya que está mirando al causante de la fuga de energía: un conmutador. El compañero de Bell corta la corriente y regresa a la oficina donde está el teléfono, y esperándolo para mandar el importante mensaje, conecta los cables en su lugar, enviando sus primeras palabras y...

...Thomas escucha la clara voz de Alexander recibiendo el primer reclamo por teléfono: "¿Dónde has estado todo este tiempo?" y Watson le comunica los inconvenientes que tuvo que resolver. Por fin la prueba es un éxito y tanto Alexander como Thomas deciden escribir todo lo que platican, para convencer a los escépticos. Así lo hacen durante los primeros minutos y deciden que es suficiente, ahora hablan únicamente por el placer de hacerlo a tres kilómetros de distancia, incluso, el joven ayudante invita a su vigilante a que escuche, quien no ocultar su asombro.

Terminada la conversación, Thomas desconecta todo, envuelve su teléfono en papel periódico y sus herramientas, y regresa casi corriendo hasta el edificio de Exeter Place. Cuando se encuentran estos compañeros de aventura en donde tienen rentados sus cuartos, gritan y bailan la danza guerrera de los mohawk, olvidando que en el edificio hay más personas y lo avanzado de la noche.

Al día siguiente, antes de partir Alexander para la Escuela de Sordomudos, la dueña y casera lo detiene para reclamarle el escándalo de la noche anterior: "Ignoro qué les pasaba a ustedes dos allá arriba, pero si siguen haciendo ruido por las noches y no dejan dormir a mis demás huéspedes, tendrán que mudarse".

"Es evidente que la bendita señora carece del más rudimentario sentido científico y además, estamos atrasados en el alquiler". Dice Thomas Watson cuando es enterado del leve incidente. Total, la felicidad que tienen no se las quitan ni lanzándolos a la calle en ese momento.

Rechazo a oferta millonaria

Durante los siguientes meses, Bell y Watson continúan perfeccionando y modificando el teléfono y llevando a cabo nuevas conexiones de larga distancia, utilizando el mismo método que ya les ha dado resultado, las ya existentes líneas telegráficas, y al final de cada experimento, siempre descubren en dónde hay que mejorar para aumentar la calidad del invento.

El pero en esta ocasión es que los patrocinadores Sanders y Hubbard, al ver que lo que funciona es el teléfono y no el "telégrafo múltiple", y sobre todo, que empiezan a llegar algunas entradas de dinero por el invento, confían en que pronto también ellos empezarán a recuperar parte del mucho dinero invertido. Desde luego que no presionan a Alexander, pero que vislumbran un futuro promisorio, lo saben y esperan con paciencia el momento preciso de obtener incluso, hasta ganancias.

A estos intereses legítimos de los patrocinadores, se agrega el que Thomas también quiere empezar a recibir ganancias, pero no es esto lo principal, sino mejorar el teléfono lo más rápido posible y comercializarlo inmediatamente con todas las de la ley, para así tener tiempo y dinero para otros proyectos, ya sea en solitario o con empresas que ahora si consideran genio a Graham Bell.

Precisamente, es a Aleck a quien más le preocupa la falta de efectivo, ya no sólo por comprar ropa nueva, que tanta falta le hace, sino para poder tener un patrimonio firmemente cimentado y solicitar formalmente la mano de Mabel Hubbard para fijar la ansiada fecha de la boda.

Bajo estas condiciones, Bell, Watson, Sanders y Hubbard están reunidos para tratar de comercializar el invento de la mejor forma posible, para obtener una buena cantidad de dinero como anticipo y poder trabajar con tranquilidad cada quien en sus proyectos, por lo que deciden solicitar una cita con el presidente de la compañía Western Telegraph (WTC en inglés). Éste accede un tanto molesto porque ya ha escuchado hablar del invento del teléfono pero desea saber qué tipo de oferta van a hacerle.

El día de la cita los cuatro llegan puntuales y ya son esperados por el presidente de la WTC. Son recibidos con amabilidad y cortesía, evitando los formulismos y pérdida de tiempo, por lo que el encargado de hablar del invento es el mismo Alexander, que para mostrar todas las bondades y el gran futuro que tiene el teléfono, lleva algunos planos y hasta hace una demostración física para convencerlo en la práctica.

Por su parte, el abogado Hubbard es quien le habla del enorme futuro mundial de este invento y además, le hace una oferta increíble que cualquier empresario medianamente inteligente aceptaría: "¡Todas las patentes de Bell por cien mil dólares"! El presidente de la WTC no muestra ninguna emoción, les dice que tiene que consultarlo con los demás socios y dependerá de ellos aceptar este ofrecimiento o no, por lo que les pide que le den tres días para ofrecerles una respuesta, la que sea, pero respuesta al fin.

Al término del plazo, el cuarteto se presenta nuevamente en las oficinas de la compañía Western Telegraph. Están de pie, muy nerviosos, impacientes y esperanzados de que una oferta como la que hicieron no puede, no debe ser rechazada. El presidente de la compañía telegráfica entra muy serio; les solicita a los visitantes que tomen asiento al mismo tiempo que él lo hace, acomodándose en su sillón atrás del escritorio; acomoda algunos papeles ¡que ya están arreglados!, suspira y se dirige al cuarteto, y aunque no hay registro de esta conversación, imaginemos que es de la siguiente manera:

"Señores, los socios de la compañía Western Telegraph

agradecen cordialmente el ofrecimiento que les han hecho a través de mi persona... Pero consideran que no es viable para nosotros al no verle verdaderas posibilidades de comercialización al invento del señor Graham Bell; por lo tanto, lamentamos mucho tener que rechazar el ofrecimiento de la compra de las patentes del... ¿cómo se llama... teléfono? por la enorme cantidad de cien mil dólares. Les agradezco que hayan pensando en nosotros y realmente lamento, repito, lamento no poder hacer efectiva su oferta. Muchas gracias y que tengan buen día".

Y en verdad que lamentarán mucho no haber aceptado este gran regalo del cielo por unos míseros cien mil dólares, ya que unos cuantos años más tarde, no venderán las patentes ni por ¡cincuenta millones de dólares! De ese tamaño es el error de la Western Telegraph Company por su desprecio y falta de visión en un invento que entrado el siglo XXI aún tiene múltiples aplicaciones y mejor futuro.

Pero mientras esto sucede, hay que conseguir más dinero para continuar con las mejoras al teléfono. Afortunadamente para ellos, el público, a través de los diarios principalmente y por la comunicación de boca en boca, empieza a mostrar mucho interés en el invento de Aleck, recibiendo múltiples invitaciones para hacer demostraciones masivas de su teléfono, ante auditorios de cien y hasta quinientas personas, donde la mayoría de las personas salen asombradas al ser testigos de este prodigio del ingenio humano.

En cada presentación en diversas ciudades de Estados Unidos y Canadá, Graham Bell y Thomas Watson no solamente hacen una demostración física, sino que invitan a algunas personas del público para que ellos mismos hablen y produzcan algún ruido que se escuche a varias decenas de kilómetros de distancia, y a su vez también oigan palabras de Watson. Desde luego que no faltan los que hablan incoherencias, los que tocan algún instrumento y hasta los que se quedan callados por no tener nada que decir o porque les gana el pánico escénico, pero todos están admirados y sorprendidos al final de las presentaciones.

Es tan enorme la aceptación que no se dan cuenta que también son pioneros en la primera transmisión de una crónica periodística sobre la sesión en la que están haciendo una demostración de la efectividad del teléfono. Esto se debe a que en la ciudad de Salem, donde se está llevando a cabo la presentación del invento, Aleck hace una reseña de cómo se ha desarrollado, y un reportero del diario *Boston Globe* toma nota de todo lo que escucha. Al día siguiente, el periódico publica la primera nota recibida por teléfono, una práctica que continúa hasta nuestros tiempos y que asombra a todos los que leen ese artículo por la rapidez de la información obtenida.

Es pertinente comentar que durante todo el invierno, cuando no hay clases que impartir, Alexander y Thomas continúan con sus exposiciones públicas de las bondades del teléfono; lo hacen desde pequeños poblados hasta grandes ciudades como Washington y Nueva York, atrayendo a personalidades como los poetas Henry Wadsworth Longfellow, Oliver Wendell Holmes y el rector de la afamada Universidad de Harvard, Elliot.

Y es que Alexander Graham Bell es el prototipo de alguien destinado para hablar en público; es el orador perfecto, ya que cuenta entre sus cualidades una presencia distinguida y esbelta, de modales amables y corteses; una voz educada y ejercitada para dar las entonaciones adecuadas a cada palabra que sale de su boca; facilidad para la exposición y un orador de excelencia, aunado al uso y dominio de instrumentos musicales, todo ello canalizado para demostrar el funcionamiento del teléfono. Además, sus presentaciones ganan fama de ser muy agradables y aleccionadoras en las que casi todos comprenden el sencillo funcionamiento del invento. Con estas presentaciones públicas, Alexander logra tener otros ingresos, también son los primeros que se obtienen gracias al teléfono.

Mejora la vida de Alexander
en muchos sentidos

Al llegar la primavera de 1877, una persona está dispuesta a establecer el teléfono en Inglaterra, por lo tanto, el inventor tiene que acudir a su país natal. Alexander Graham Bell decide que es tiempo de establecer su propia familia y obtiene el permiso de su suegro, Gardiner Greene Hubbard para casarse con la bella Mabel.

En el mes de julio se lleva acabo el enlace matrimonial Alexander-Mabel, (curioso que el nombre de la esposa de Aleck contenga el apellido del su ahora esposo) e inmediatamente la pareja viaja a la residencia de Tutelo Heights para pasar unos días al lado del otro matrimonio Bell, antes de partir hacia Inglaterra. La joven esposa conoce Brantford por sus charlas con Aleck y este encuentro con sus suegros hace muy felices a los cuatro.

Esos días de descanso y de inicio de luna de miel para Aleck y Mabel son de mucha paz, amor y felicidad, ya que los días que pasan en ese tranquilo poblado los dedican a pasear por los alrededores; suben la loma para fascinarse con la fuerte corriente del río que está en la parte baja; se sientan, miran y besan bajo los abedules en los que Aleck acostumbrada estar bajo su sombra para "soñar", haciendo ellos lo mismo, y de regreso, recorren el camino campestre desde el cual descubren con nostalgia trozos de alambre que alguna vez fue utilizado para demostrar que el teléfono también funciona a larga distancia.

Después de estas semanas de descanso y de mucho amor, el nuevo matrimonio Bell parte para la amada Inglaterra, en donde pasan, ahora sí, su luna de miel en una casa cercana a Elgin, Escocia, permitiendo a Aleck enseñar físicamente a su esposa Mabel el escenario de sus primeros experimentos. Después, deciden instalarse en Kensington, Londres. A partir de este momento, Mabel Hubbarb, la señora Bell, joven y hermosa, dedica toda su atención y vasta inteligencia para apoyar y colaborar en todo lo que ella puede, que es mucho; empieza escribiendo cartas, tomando dictado tan sólo leyendo los labios de Aleck y muchas actividades más, siendo más que una ayuda, un verdadero pilar y cimiento de su amado esposo.

Presentación ante la reina Victoria

Durante las estaciones de otoño e invierno, Alexander Graham Bell tiene pocas horas de descanso, ya que ahora son las sociedades científicas las que lo honran para que hable en sesiones convocadas especialmente para explicar el funcionamiento del teléfono y sus posibilidades de utilización a nivel masivo.

Nuevamente, grandes personalidades de la comunidad científica están presentes en sus exposiciones, como sir William Thomson, barón de Kelvin, quien es el autor de la escala para medir temperaturas absolutas, escala que lleva su nombre y el conocido Aleck John Tyndall, físico y matemático inglés, colaborador de Faraday. En estas presentaciones no es posible encontrar un lugar si no se cuenta con él con varias semanas de anticipación.

Alexander aprovecha este enorme interés de la comunidad científica inglesa para hablar de su invento y también sobre la educación para sordomudos, y por si aún le queda tiempo libre, trabaja en experimentos para eliminar interferencias en las líneas telefónicas provocadas por la cercanía de otras líneas similares. Además, está al tanto de la formación de la Compañía de Teléfonos Eléctricos, cuyas pruebas están destinadas para conseguir capitales británicos.

En enero de 1878, Alexander Graham Bell está gratamente sorprendido porque está leyendo una atenta "orden" (entiéndase invitación sin posibilidad de rechazo) de la reina Victoria para que explique físicamente a la Corte el funcionamiento del teléfono en la isla Wight, en Osborne House, donde está la soberana temporalmente.

Una visita de este tipo no puede ser improvisada y menos para alguien tan diestro en presentaciones públicas como Aleck, solamente que ahora es ante la reina Victoria, y tiene que ser diferente, por lo que se prepara desde cómo aprender a hablar y estar ante la monarca, y ensaya una y otra vez la sencilla explicación de cómo y por qué funciona el teléfono, para ser entendida sin dificultad alguna.

La excelencia en la enseñanza, que domina a la perfección Aleck, facilita todo al utilizar modelos con los que demuestra, por medio de mitades, la constitución interna del teléfono, y una vez terminada la exposición, la reina Victoria es invitada a hablar por el aparato telefónico. La expectación es grande, ya que hay muchos escépticos entre los miembros de la realeza británica. La soberana inglesa toma el teléfono e inicia una conversación, previamente establecida, con la princesa Beatriz y sir Thomas Biddulph, un alto y respetado funcionario de la Corte, residentes en una villa cercana llamada Osborne Cottage.

Después de la larga charla, la reina Victoria escucha a través del aparato dos canciones especialmente dedicadas a ella. La monarca queda encantada con la exposición de Bell y del excelente funcionamiento de su invento, por lo que deja asentado para la posteridad este importante momento, al escribir en su diario: "Cierto profesor Bell me explicó todo el proceso, que es de lo más extraordinario". La reina, al contrario de los socios de la Western Telegraph, sí tiene la suficiente inteligencia e intuición para saber que ese teléfono tiene futuro y mucho en el mundo.

Sin embargo, no todo es miel para Alexander, ya que varios verdaderos cazadores de fortunas, entre los que destacan inventores fracasados y sin talento, defraudadores, vivales y abogados corruptos, salen de sus escondites entablando demandas en las que reclaman la paternidad del invento, aunque no cuenten con la más mínima prueba en qué fundamentar sus desleales pretensiones, con la esperanza de obtener cuando menos alguna ganancia por algo en lo que hasta hace apenas unos meses, no tenían la mínima idea de su existencia.

Con estas acciones desleales pero legales, entorpecen la marcha y fundación de la Compañía de Teléfonos Eléctricos, causando grandes disgustos a Graham Bell, y empezando a pensar que no será un buen negocio el establecimiento del teléfono en Inglaterra por el correspondiente pago de una cuota.

Pero no es todo, para Alexander hay varias noticias: una buena y otras malas. La primera se debe a la alegría que le causa el nacimiento de su primera hija, en 1880:

"Apareció en el mundo con un llanto tan vigoroso como el que jamás demostró la posesión de un buen par de pulmones. ¡Es una cosita tan graciosa! Perfectamente formada, con una mata de pelo oscuro y ojos azules, tan morena que Mabel dice que ha dado a luz a una indiecita. No digo que sea linda; nunca he visto belleza en un recién nacido, pero es nuestra y eso nos basta". Escribe emocionado el nuevo padre a sus progenitores.

Las malas noticias son que la poderosa compañía Western Union Telegraph está fabricando teléfonos que violan sus patentes, por lo que la Compañía Bell está a punto de demandarla por la vía judicial, solamente que requieren con extrema urgencia el envió de algunos documentos como pruebas irrefutables de su invención, y sobre todo, que para el otoño, Aleck debe estar físicamente en Boston para intervenir a su favor en el juicio.

Por supuesto que una persona como Alexander Graham, dedicada a lo suyo y desarrollando sus ideas desde su infancia, siente mucho asco y desprecio de todo este lío de patentes y robo de ideas; y por su mente, descabelladamente, pasa el deseo de dar por terminado el asunto del teléfono y dejarlo así, dedicándose totalmente a la enseñanza, pero no puede dejar el botín en manos de personas sin escrúpulos y que solamente son piratas de las ideas e inventos de los demás.

Afortunadamente, en octubre regresa la familia Bell a Canadá y Aleck tiene que ser convencido, no sin mucho trabajo para Thomas Watson, de que instale a su esposa e hija en Brantford y parta inmediatamente a Boston. Así lo hacen y Bell prepara todos sus documentos y pruebas para el día crucial del juicio, pero éste no llega. La Western Union Telegraph retira sus demandas, sabiendo que no tiene ninguna posibilidad de ganar y firma un convenio con la Compañía Bell.

Ahora ya no hay duda, el teléfono es un prometedor negocio, por lo que Graham abandona definitivamente su idea de regresar a la enseñanza y a pedido de su Compañía, acepta un alto cargo en la administración, con sueldo fijo, para aliviar sus problemas económicos en tanto se consolida su empresa.

Lo increíble es que, durante varios años, Alexander Graham Bell y su Compañía reciben más de seiscientas demandas que pretenden los derechos sobre el invento del escocés. Afortunadamente para él, ha tenido la precaución de guardar planos y detalles lejos del alcance de cualquiera para evitar cualquier posible fisura que lo despoje de su legítimo y largamente trabajado invento del teléfono. Lenta y felizmente, cada una de esas demandas las gana Aleck en todos los juicios.

Mejoras al invento

Desde que el teléfono funcionó en su papel de doble faz, aquella tarde-noche en Exeter Place, tanto Bell como Watson ponen en práctica cada mejora que le hacen al aparato, por lo que Aleck siempre está consciente que, aunque él es el creador e inventor, no es suyo todo el mérito, ya que siempre contó con el apoyo, aportaciones e ideas de otras personas que hicieron posible no sólo la cristalización de su "telégrafo parlante" como idea original, sino que permite la comunicación humana instantánea sin importar el lugar o la hora.

Para cuando el teléfono empieza a ser utilizado, es obvio que no existe ninguna señal que indique que el aparato está recibiendo una llamada. Por lo tanto, la única contraseña existente son unos golpecillos producidos por un lápiz para llamar la atención, por lo que la primera mejora introducida al invento es obra de Thomas, ya que es aprovechando el mecanismo del lápiz para que éste dé un golpe más duro. Dicha señal se conoce como el "golpe de Watson".

Después, la señal de que hay una llamada en espera es producida por un agudo chirrido, hasta que, después de mucho pensar en un mecanismo que sea lo suficientemente fuerte y que no moleste, los dos dan con la idea de utilizar una campañilla centralizada, siendo tan eficaz que aún en los teléfonos modernos el principio de la campanilla continúa vigente.

Ahora bien, la cabina telefónica nace de la necesidad de tener conversaciones privadas, alejadas de orejas largas que se "paran" para escuchar lo que no les incumbe. Nuevamente es Thomas Watson quien da la idea "involuntariamente", ya que, cuando no quiere que alguien escuche su conversación a distancia, o trata de tapar el auricular con la mano o utiliza una pequeña tienda improvisada con una manta que, al cabo de unos minutos, empieza producir mucho calor y sofocamiento si la plática se prolonga.

Por estas razones, Aleck siempre dice y aclara: "No puedo reclamar como mío lo que se conoce por teléfono moderno. Es el producto de muchas, muchas inteligencias", dando crédito a todos los apoyos con los que contó y sin menospreciar a quienes le negaron todo talento para llegar a estos alcances; todos son parte importante de la invención del teléfono, canalizados a una mente extraordinariamente privilegiada y sencilla como la del escocés Alexander Graham; así es como la humanidad ha tenido muchos logros y avances.

La mucha la felicidad que embarga a Aleck se debe a

que su invento permite escuchar con claridad a quien sea, tal y como si las dos personas estuvieran en el mismo lugar, y aunque no es así, si están unidos por un mismo adelanto tecnológico que les permite comunicarse entre sí.

Alexander dedica parte de su tiempo a dar conferencias y entrevistas a medios de información. Precisamente, en una plática con un auditorio joven, a propósito de los prolongados festejos del centenario de la independencia de Estados Unidos, un estudiante japonés no puede creer que ese aparato sea tan prodigioso, y sin entender que la parte humana corresponde precisamente a los humanos, pregunta ingenuamente:

—Señor Bell, ¿este aparato que nos enseña puede hablar en mi idioma, el japonés?

—Se lo voy a demostrar aquí mismo. Hágame el favor de venir junto con uno de sus compañeros que también sea japonés y hable esa lengua.

Así lo hace el joven Isawa, y tras comprobar por propia mano, mejor dicho, oído, que lo importante del aparato es el sonido que sale y entra en él, sin importar que clase de sonidos sean; mientras haya alguien al otro lado del teléfono que escuche, de esta forma descubre que el teléfono permite la comunicación humana a distancia, sin importar lengua ni ideología.

La mente de Bell no para

Mentes privilegiadas y extraordinariamente sencillas como la de Alexander Graham Bell no pueden conformarse con lo ya logrado, con lo obtenido y concretado. Por eso, para 1880, Aleck ya no trabaja más en el teléfono, ahora su mente está ocupada en otra invenciones. Su interés y tiempo lo dedica en lo nuevo, eso es lo más importante para él, aunque la gente que lo conoce, o más bien, que no lo conoce bien, piense lo contrario.

Ya con una excelente solvencia económica, Alexander

no tiene inconveniente en trasladar su residencia a la capital de Estados Unidos, Washington, donde empieza otros experimentos como producir y reproducir sonidos por medio de la luz, para lo cual dice en tono semipoético: "He escuchado a un rayo de sol reír y cantar. He podido *escuchar* a una sombra" Y si viviera en el siglo XXI, seguramente estaría encantado con la reproducción no solamente de sonidos sino de imágenes y mil maravillas más por medio de sencillos discos de plástico denominados compactos, con la utilización del rayo láser, es decir, por medio de la luz como lo ideó el escocés.

Antes de finalizar 1880, acude hasta París. Esta vez sí es en Francia, para recibir el premio Volta, con una aportación monetaria de cincuenta mil francos por haber inventado el teléfono. A su regreso, empezado 1881, invierte el dinero francés en la creación y fundación del "Laboratorio Volta" donde puede llevar a cabo sus trabajos de experimentación, junto con dos socios, que ahora abundan.

Para 1882, Alexander Graham Bell obtiene la ciudadanía estadunidense, que le es otorgada por sus grandes méritos de sobra conocidos en el mundo, y mientras goza de su nueva patria, llega su segunda hija al nuevo mundo, y para continuar su costumbre, escribe a su madre sobre el feliz acontecimiento: "El nacimiento de mi segunda hija, tu nieta, es un hecho sustancial, real, que patalea y chilla; es un hecho innegable. Al nacer gritaba tan fuerte que se le escuchó desde la casa del señor Hubbard, en la calle K, a una manzana entera de distancia; claro que por teléfono.

"Pero ahora se ha reconciliado con la idea de convertirse en un miembro apacible y muy admirado de la sociedad. Rara vez rompe el silencio con algo más fuerte que un gruñido, que la niñera traduce por la palabra *comida*, o sea, un verbo en voz activa y modo imperativo".

Este acontecimiento, permite a Alexander persuadir a su padres para que también residan en Washington, por lo que un par de años después, los felices abuelos Bell llegan hasta la capital de Estados Unidos y lo hacen llenos de dicha, ya que las cartas amorosas de su hijo Aleck siempre los llena de felicidad, como aquella en la que le dice a su madre: "En verdad quiero poder hacer que éste sea un feliz Año Nuevo para ti, porque te quiero tanto como cuando era un niñito en tu falda y mi corazón está contigo, aunque ya tengo gris la cabeza". En esta época, 1887, Aleck es un hombre prematuramente cano, ya que cuenta con tan sólo cuarenta años de edad.

Y esas canas, ganadas a pulso para lograr la invención del teléfono, lo hacen ver como el hombre maduro, creativo y feliz que es, ya que por fin ha logrado que lo que más quiere en la vida esté junto a él: su adorada esposa, sus hijas, sus padres y su trabajo, por lo que no cambiará jamás su residencia de Washington, donde también es nombrado director del Instituto Smithsoniano; una verdadera distinción, ya que, en su primera visita, recibió el apoyo y ánimo del secretario, además de fundador, junto con otras personas de la sociedad Geográfica Nacional. ¡Qué fácil es la vida cuando se ha triunfado y conservado los pies sobre la tierra!

Precisamente por esta razón, Aleck, aunque sociable, no le gusta derrochar su tiempo en trivialidades. Por eso, instituye en su casa lo que se llamará al paso del tiempo, *veladas de los miércoles*, en las que recibe a hombres y mujeres de ciencia, educadores y autores, quienes están muy a gusto porque el anfitrión los recibe con extrema amabilidad y los hace sentir a sus anchas.

Desde luego que el centro de atención, muy a su pesar, es Aleck, quien siempre tiene un lugar de honor para su padre, el profesor Alexander Melville Bell, sin cuyas enseñanzas nunca habría despertado en su hijo el interés por los problemas del lenguaje, mismo que se tradujo en la invención del teléfono como un gran aporte para la humanidad.

Estos años no hacen que Alexander se olvide de los sordomudos, sin cuya causa no habría creado el teléfono. Afortunadamente tiene dinero y tiempo que dedicarles y así lo hace: se interesa por descubrir las causas de la sordera hereditaria y refuerza sus estudios en pro de la educación de los sordomudos, ya que está seguro de que a ellos hay que enseñarles a hablar, no a hacer signos y gestos y jamás aislarlos de la compañía de otros niños que no sufran este mal.

Un viaje relajante

El padre de Aleck tiene la idea de visitar nuevamente la isla canadiense en la cual vivió algunos años en su juventud, Terranova, coincidiendo en que su hijo termina de leer un libro de Charles Dudley Warner, en el que describe los lagos Bras d'or ("Ensenada de oro") en el cabo Bretón, también en Canadá. Y para apurar el viaje, su suegro, el abogado Hubbard tiene intereses en el cabo, en una minas de carbón en las que ha hecho una inversión y desea conocer los riesgos de la misma.

Entonces, toda la familia Bell parte hacia Terranova, al cabo Bretón y a un pequeño pueblo de Baddeck. En este último lugar llegan sin inconveniente alguno, disfrutan unos días hermosos y apacibles en la hostería llamada, curiosamente: "Casa del telégrafo". Después continúan hacia la ansiada Terranova, pero un mal clima hace que su pequeña embarcación naufrague, afortunadamente sin consecuencias qué lamentar, regresando encantados a Baddeck, donde tienen que permanecer mucho más tiempo. Pero esto no les importa, disfrutan la aldea, a sus amables habitantes y de la ya famosa Enseñada de Oro.

Esta vida que disfrutan en cabo Bretón hace ver a Alexander y Mabel que ésa es la clase de vida que desean para sus hijas; que no sufran las imposiciones ni restricciones de los lugares comunes de veraneo; que jueguen y corran libremente, sin que les estorben las enaguas y los vestidos largos. Es más, que vistan como muchachos, que eso les da más libertad de movimiento y aunque también han sufrido la pérdida de dos hijos, uno de ellos fatalmente llamado igual que su hermano Edward, (el otro era Robert), los Bell están más que encantados con el hermoso lugar, tan fascinados, que deciden regresar el verano siguiente. Y no solamente cumplen esta promesa sino que también deciden comprar un lote de terreno en el cual puedan edificar un chalet, mismo que es construido en cartón como maqueta. Año tras año, los Bell compran las granjas vecinas hasta que son los únicos dueños de la bellísima Punta. Allí construyen una espaciosa residencia veraniega, dándole como nombre el de "Beinn Bhreagh" cuyo significado del gaélico es "Montaña Hermosa", describiendo el lugar a la perfección.

En cada ocasión en que Aleck sale al extranjero, regresa con la sola idea de ir a su residencia de verano a la "Montaña Hermosa", ya que, por fin, encuentra el sitio ideal para huir de la frialdad de las grandes ciudades y de las luchas bélicas que hay en el mundo. Esa isla del cabo Bretón es el lugar ideal para soñar, como lo ha hecho desde siempre Aleck, y esos sueños le han permitido ser uno de los más grandes benefactores de la humanidad.

En 1888, su gran labor a favor de los sordomudos le merece un reconocimiento en Inglaterra, país que lo invita para que exponga sus ideas y métodos ante una comisión especial para estudiar los problemas relativos a la educación de los mismos. Bell agradece la distinción y con su característica sencillez, les pide que, por favor, lo llamen, simplemente, maestro de sordomudos.

Así, año con año, Alexander recibe homenajes y honores de otros países, como la Orden Francesa del Mérito; la Legión de Honor; grados honorarios y doctor "Honoris Causa" de varias universidades; miembro de muchas sociedades científicas, en las cuales lo distinguen por sus muchos logros y para que las mismas lo cuenten entre sus socios distinguidos.

A esta felicidad, el matrimonio Alexander-Mabel vive con intensidad las bodas de oro de sus padres: cincuenta años llenos de amor y ternura, de comprensión y cariño entre los esposos y hacia sus tres hijos, de los cuales, únicamente sobrevive Alexander. El profesor Bell tiene 75 años y su esposa 84 pero esa diferencia de edades nunca es un obstáculo para ser un matrimonio feliz. Lamentablemente, la feliz abuela de dos niñas, fallece en Washington tres años más tarde, es decir, en 1897.

Y para el año 1905, Aleck sufre otra de las más grandes pérdidas de su vida, aunada a la de su madre, dos hermanos, su abuelo y dos hijos, ahora se da la del profesor Alexander Melville Bell, su padre, quien muere satisfecho tanto por su intensa labor en pro de los sordos, así como por haber enseñado el uso correcto del idioma inglés a muchas generaciones que le están agradecidos toda su vida.

Alexander Melville Bell siempre será recordado por sus propios méritos a lo largo de sus muy bien vividos 86 años, y no solamente por haber sido el padre del inventor del teléfono, sino por ser un excelente profesor, orgulloso de su origen escocés, que no duda en mudarse a Canadá con tal de que su hijo, el único sobreviviente de tres, conserve la salud, y de paso, ayudarlo y apoyarlo en las "locas ideas" de Graham, sin descuidar su dedicación a la enseñanza de los sordomudos con un método de lenguaje visual.

Graham sufre sobre manera esta pérdida, pero tiene la semilla heredada de varias generaciones atrás de enseñar y aportar poco o mucho a quienes están desprotegidos y hasta discriminados por carecer de la facultad de oír, consecuentemente, la de hablar, y las contribuciones de los Bell son aún muy apreciadas a pesar de los pocos o muchos adelantos en esta materia en la actualidad.

El mejor refugio que encuentran los Bell es precisamente vivir en la bahía de Baddeck, en donde pasan treinta de sus últimos años de vida; los disfrutan, los viven con intensidad pero apacible y tranquilamente, y esto no es contradictorio, ya que Alexander construye un imprescindible laboratorio en "Beinn Bhreagh" en su Montaña Hermosa, en donde trabaja día a día y hasta las primeras horas de la madrugada en una variedad increíble de proyectos, investigaciones y experimentos como la pérdida de calor en chimeneas abiertas, destilación del agua salada, cría de ovejas; sordera hereditaria; submarinos y varias decenas más.

Proyecto de altos vuelos

Para 1907, dos años después de la muerte de su padre, Alexander se asocia con cuatro jóvenes: Glenn Curtiss, fabricante de motocicletas; "Casey" Baldwin, recién graduado como ingeniero mecánico en la Universidad de Toronto; J. A. McCurdy, estudiante de la misma Universidad, y el teniente del ejército de Estados Unidos, Selfridge, considerado como un observador muy culto. Todos tienen un interés común de grandes alcances y futuro, tal y como lo fue el teléfono en su tiempo: la aviación.

Cuentan con el incondicional y eficiente apoyo de Mabel Bell, esposa de Aleck, de quien éste admirado desde siempre por ser la mujer infatigable que jamás ha visto y que ha nacido con el maravilloso don de la organización. Ella es quien sugiere que, con la aportación de veinte mil dólares, la sociedad se transforme en la Asociación Experimental Aérea. Es un cambio radical totalmente, ya que el profesor Bell vuelve a serlo, solamente que ahora lo es para unos cuantos alumnos considerados superdotados intelectualmente.

Las pruebas no se hacen esperar y día tras día hay alguna tentativa de experimentación. Desde luego que tienen los indispensables fracasos que permiten mejorar los modelos y tan sólo hasta la tercera máquina que construyen tienen un primer gran éxito, mismo que permite que Glenn Curtiss, el 4 de julio de 1908, gane un premio por efectuar el primer vuelo con control oficial efectuado en Estados Unidos.

Así, un año después, en 1909, J. A. McCurdy lleva a

cabo el primer vuelo en Baddeck, Canadá, catalogado e inscrito en la historia como el primero que tiene éxito en un territorio del imperio inglés. Por su parte, "Casey" y Graham, utilizan algunos descubrimientos de las máquinas voladoras para aplicarlos en lo que llaman el "hidrodromo", un bote de alta velocidad que, para 1919, cuatro años después de la muerte de Bell, es considerada como la lancha más rápida del mundo.

Otra idea aplicada es la de colocar flotadores en aeroplanos para permitir el despegue y acuatizaje en el agua, cimentando el nacimiento de los que posteriormente se llamarán hidroplanos. Es importante destacar que sin estos apoyos y experimentos efectivos a la naciente aviación, en una época en que la gente en general era despectivamente escéptica, Bell y sus socios le dan la fuerza necesaria para que continúe desarrollándose, hasta transformarse, al igual que el teléfono, en algo tan cotidiano y común, que casi nadie repara en las muchas incidencias y fracasos que están atrás de los miles de vuelos comerciales y de carga, que transportan millones de personas y toneladas de víveres y utensilios exportados e importados a todas partes del mundo.

A cada persona interesada en llevar a cabo sus propios proyectos y que se acerca a Aleck, éste les da un consejo que siempre le ha sido de mucha utilidad en su vida: "No siga siempre por el camino público. De vez en cuando deje los caminos frecuentados, esos por los que va todo el mundo como un rebaño, e intérnese en el bosque. Cada vez que lo haga estará seguro de encontrar algo que no ha visto nunca".

Este consejo lo pone en práctica muchas veces Graham Bell, sobre todo cuando se interesa en el problema y resolución de lograr un vuelo aéreo para seres humanos. Incluso, en su juventud, sorprendió a Thomas Watson afirmando que muy pronto el hombre tendría la facultad de volar, por lo que en una ponencia pública, dijo al respecto a los numerosos asistentes: "Sabemos perfectamente que está cercano el tiempo en que el viajar de un lugar a otro por el aire será una acción de todos los días. Un hombre ha proyectado intentar este verano el vuelo a través del océano en un aparato más pesado que el aire. Mejor aún —y eso es lo extraño— afirman los expertos que esa posibilidad existe".

Vida familiar

Alexander Graham Bell no hubiera desarrollado y descubierto el teléfono sin la incondicional ayuda de sus familiares, primero de sus padres y hermanos, después del abuelo, de su amigo Thomas Watson, luego de su suegro y posteriormente de su esposa Mabel, quien no se conforma con ser la esposa del inventor vivo más famoso del mundo, sino que ella misma busca su espacio, organizando un grupo de ochenta niñas a las que les da clases de costura cuyo producto es vendido en Montreal, Canadá. Además, proyecta y emprende la Sociedad Literaria de su localidad.

La vida en "Montaña Hermosa" es ya indispensable para los Bell, incluso, construyen una casa flotante a la cual denominan como "Mabel de Beinn Bhreagh" en honor de la esposa de Aleck, y una vez que deciden que es mejor tenerla fija en tierra, se convierte en un refugio ideal para él. Allí acude los fines de semana cada vez que necesita estar solo para meditar sobre alguna teoría científica o aterrizar algún nuevo proyecto.

A sus hijas, a las que orientan desde los diez años hacia el teatro de aficionados, les agradan las reuniones, festividades, cumpleaños y cualquier otro acontecimiento digno de agasajar.

7

Años finales de
Alexander Graham Bell

Al paso del tiempo, Aleck está sumergido en muchos proyectos y experimentos, siempre al lado de Mabel, su esposa. Sus dos hijas han crecido y convertido en dos adorables jóvenes, quienes ya han contraído matrimonio en "Beinn Bhreagh". Los yernos son el doctor Gilbert Grosvenor, quien logra la enorme distinción de ser nombrado como el primer director de la revista National Geographic, y David Fairchild que destaca como un acucioso investigador botánico.

Entre estos dos matrimonios, Aleck y Mabel viven y disfrutan de la compañía de sus hijas, yernos y diez nietos que dan un marco de completa felicidad a la familia Bell. Los nietos saben que nunca hay que molestar al abuelo Aleck cuando está en su laboratorio, pero esperan con ansia a que el reloj marque las cinco para gozar de extraordinarios momentos en compañía del consentidor abuelo.

Alexander les narra a los pequeños historias maravillosas en capítulos, logrando el efecto Scheherazada, es decir, que en cada verano deja pendiente el siguiente capítulo para que sus nietos regresen con mucho entusiasmo para escuchar la continuación de las historias. Las que recuerdan estos chicos son las aventuras de un hombre de goma que puede inflarse él solo y a quien un huracán lo arrastra hacia los mares del sur; otra es sobre las andanzas de cierto gigante que puede acortar o alargar sus piernas a voluntad, dependiendo de lo que desee hacer con ellas.

A la hora de la comida, los relatos del abuelo Aleck son diferentes, ya que guarda en sus bolsillos algunos apuntes sobre algo que desea que los comensales conozcan, platicando en forma de narrativa y atrayendo la atención de los demás. Lo que sí está terminantemente prohibido, es que alguien, niño o adulto, se levante de la mesa para hablar por teléfono, ¡faltaba más! No inventó ese aparato de lenguaje eléctrico para que la gente tenga la descortesía y desvergüenza de utilizarlo en momentos en que nadie, en su sano juicio, se atreve a hacerlo en persona: molestar a la gente durante la comida.

Cuando hay reunión en la casa del profesor Graham Bell, invariablemente la velada termina con todos reunidos alrededor del piano y el inventor tocándolo, acompañando a los alegres cantantes con canciones juveniles. Y en consideración a su amada esposa Mabel, ella se sienta junto a su marido para tocar las manos de él. Así, gracias a la vibración de las cuerdas, ella siente, a su modo, esa música. Mabel siempre es la musa de su inspiración y gracias a su apoyo incondicional y amoroso, Aleck ha tenido importantísimos logros en su vida, haciendo efectivo ese viejo refrán que dice: "Junto a un gran hombre hay una gran mujer".

Aún le falta a Alexander otra agradable experiencia con su invento. A casi cuarenta años después de la primera conversación telefónica entre Bell y Watson, costeando tres kilómetros de cable entre Boston y Cambrige, ambos llevan a cabo otra interesante e histórica plática. En esta ocasión la distancia es "ligeramente" más amplia: la que hay de costa a costa de Estados Unidos, es decir de Nueva York que está al Este a San Francisco, al Oeste.

Ésta es la inauguración de la primera línea telefónica

transcontinental, en enero de 1915. No dejan de sorprenderse los amigos y socios por la claridad con que se escuchan y hablan, mucho mejor que cuando lo hicieron en aquel ensayo que estuvo a punto de frustrase si no ha sido por la inteligencia y deducción de Thomas.

Pero esto no es todo. Al terminar la ceremonia en la tarde, también conversan telefónicamente el presidente de Estados Unidos, Thomas Woodrow Wilson y el gobernador de California, ubicado en San Francisco. Finalmente, Bell y Watson charlan una vez más, y para no variar, Aleck le pide a Thomas que espere. Su socio espera impaciente, sabe que Aleck trae algo entre manos y espera, y es que Bell está conectando otro transmisor que desea probar. Al paso de algunos minutos, la voz del doctor Alexander se escucha fuerte y nítida como cantes, diciendo:

—Te estoy hablando por un duplicado del primer teléfono que hiciste para mí y que juntos ensayamos en junio de 1875. ¿Me escuchas?

—Te escuchó perfectamente bien.

Antes de terminar la conversación, la voz de Aleck se escucha imperativa, recordando el momento más memorable de su vida.

—¡Watson! ¡Watson! ¡Ven! ¡Te necesito!

—Con mucho gusto lo haría, doctor Bell, pero estoy ahora tan lejano que me llevaría una semana en llegar, en vez de un minuto como en esa época—, replica Watson riendo con la broma de su amigo y socio.

—Me escuchó —dice Aleck dirigiéndose a la gente que lo rodea en esta histórica plática—, pero dice que no vendrá enseguida. Yo sé muy bien que no tardará mucho el día en que una persona pueda llegar al otro lado del continente en pocas horas, cuando se le llama.

Y en verdad tiene razón. Ahora con los aviones supersónicos que rompen la barrera del sonido, se puede viajar de América a Europa o a otros continentes en cuatro o cinco horas, tal y como lo prevé Aleck en su adelantada mente.

Homenajes y monumento en vida

En 1917, en la intersección de las calles King, West, Albion y Wellington, en la "ciudad del teléfono", Brantford, Ontario, Canadá, está erigido un monumento a la memoria de Alexander Graham Bell. Pero no es construido después de fallecer el inventor sino cuando él puede disfrutarlo y compartirlo con el mundo, tal y como lo hace con el teléfono: un aparato que está lejos de constituir otro "monumento"; más bien fue concebido para ser útil a la humanidad y así ha sido desde que fue perfeccionado por Bell y Watson.

Para el mediodía del miércoles 24 de octubre, día de la inauguración de la construcción y de la develación de dos esculturas, el clima también quiere participar y en lugar de haber un resplandeciente calor solar, cae un aguacero para el cual no están preparadas las autoridades encargadas del homenaje en vida para Alexander Graham. Pero este inconveniente no molesta a nadie: ninguno se mueve de su lugar.

Este día se han interrumpido la clases en las escuelas (cuestión con la que seguramente no está de acuerdo el homenajeado pero que no depende de él la decisión), niños y padres están alineados en las aceras; la banda militar ameniza el ambiente húmedo con alegres melodías. Hay soldados con licencia que asisten gustosos a este acto honorífico, ya que la Primera Guerra Mundial está a punto de llegar a su fin. Pronto llegan personajes importantes del Parlamento, el alcalde, vicegobernador, el jefe Hill de las Seis Naciones, El Duque de Devonshire y el gobernador general de Canadá, ya están presentes, al igual que altos funcionarios de la empresa telefónica Bell; algunos de ellos harán uso de la palabra.

Ah, pero no pueden faltar hombres importantes en la vida de Alexander, como los señores McIntyre y Brooks, los buenos granjeros y vecinos de Aleck que ayudaron a tender el primer cable de larga distancia. También está

Walter Allward, el escultor quien diseñó las figuras que pronto serán develadas.

La ceremonia, por razones del clima lluvioso, no dura mucho tiempo. Hay expectación por admirar las esculturas y la construcción hecha exprofeso para homenajear a Graham Bell. Así, el gobernador general de Canadá es quien descubre las figuras, luciendo todo su esplendor, para enseguida acudir hasta el teatro de la Ópera para continuar con mayor comodidad el programa.

Nuevamente interviene el gobernador y dice: "Éste es un día memorable, no solamente para Brantford sino para el mundo, y la ceremonia en la que acabamos de tomar parte, será recordada por muchas generaciones que nos sucedan, enorgulleciéndose de nuestra participación en ella. Ya he descubierto solemnemente el monumento, ahora, también solemnemente lo entrego y confío a la ciudad por todo el tiempo venidero".

Después de aplaudir durante varios minutos, solicitan la presencia y las palabras del inventor y homenajeado: Alexander Graham Bell. Todos los asistencias se ponen de pie y aplauden entusiasmados y contagiados por la alegría que reina entre la gente; las paredes vibran por esta enorme muestra de calidez humana y antes de que la emoción le impida hablar al maestro de dicción, comenta: "Excelencia, damas y caballeros. Hay en la vida algunas acciones que valen la pena y ésta es una de ellas. Llegué a Brantford en 1870 para morir, porque me habían dado tres meses de vida y estoy muy contento de haber vivido hasta hoy para presenciar la inauguración de ese hermoso recuerdo erigido por la comuna de Brantford.

"Cuando miro hacia atrás, se me aparecen visiones del río Grande, de Tutelo Heights y de mi "lugar para soñar" en las colinas, donde pasaron por mi mente las primeras imágenes del teléfono. No se me ocurría entonces que algún día llegaría a ver un monumento como éste, que no es sólo una satisfacción para mí, como apreciación de mi propio esfuerzo, sino una valoración del invento en sí mismo. Gran parte de la labor experimental en el desarrollo del aparato, tuvo lugar en Boston, pero me es grato adelantarme a decir que es aquí donde fue inventado el teléfono".

Y no es que realmente sea muy importante saber exactamente en qué lugar fue inventado el teléfono; puede decirse que vino desde Escocia, pasando por Londres, Ontario y culminó en Boston, ya que, afortunadamente, el invento no es de nadie en especial sino que pertenece a toda la humanidad y generaciones futuras.

Por la tarde, el doctor Bell y su esposa viajan hasta Tutelo Heights para recordar viejos y melancólicos tiempos, recorriendo la casa y el terreno, y sobre todo, para caminar junto a los mismos abedules que dieron su sombra hace años para que el lugar del soñador fuera el ideal; donde el problema de la corriente ondulante y del lenguaje eléctrico se presentaron en toda su magnitud y complejidad. Fue un día imborrable en la memoria de los Bell y más para Aleck, ni que dudarlo

Tres años más tarde, en 1920, Alexander recibe otro sentido homenaje que lo conmueve hasta las lágrimas, ya que le es concedida la ciudadanía honoraria de su natal Edimburgo, en Escocia. Los antiguos alumnos del Colegio Real, lo aclaman como al viejo y querido camarada de escuela y los setenta y dos consejeros de Edimburgo, vestidos perfectamente con toga roja, se levantan de sus lugares al recibir al lord preboste como "Alexander Graham Bell, *Esquire* (Caballero o Escudero), doctor en Filosofía, doctor en Derecho, Doctor en Ciencias y Doctor en Medicina". ¡Nada más!

Para este tiempo, Alexander cuenta con 73 años y mira hacia su pasado con nostalgia y al futuro con la misma impaciencia de siempre, de querer dar más de sí, por eso dice a muchos de los jóvenes que se le acercan: "¡Qué glorioso es ser joven y tener por delante un futuro! Pero también es glorioso ser viejo y volver la vista hacia atrás para contemplar lo que ha progresado el mundo durante nuestra vida".

Siente que algunas voces familiares lo llaman, las de sus hermanos, abuelo, padres e hijos fallecidos. Es tiempo de retomar esos antiguos tiempos en Edimburgo, Escocia, pero ahora desde otra perspectiva y otro lugar, seguramente ¡desde el paraíso!

Último día de un ser excepcional

El 2 de agosto de 1922, a los 75 años, Alexander Graham Bell, el inventor del teléfono, el profesor preocupado por la educación de los sordomudos, doctor en muchas disciplinas de la ciencia, fallece. Fue una vida larga y fructífera, llena de actividad en pro de los demás, por lo que el cielo lo reclamó para sí.

La noticia corre a través de las líneas telefónicas; llega a las redacciones de los periódicos de todo el mundo, a gobernantes, admiradores, alumnos, compañeros, amigos y familiares, causando un gran pesar en todos ellos.

Antes de fallecer, Alexander dispone que su cuerpo sea llevado cerca de su casa en la "Montaña Hermosa", en la Beinn Bhreagh que tanto amó. La ceremonia es muy sencilla, como lo fue su forma de vivir; el féretro llega cubierto de flores y con ramos de abeto recogidos por sus nietos de la ladera de la colina y entretejidos por ellos.

Lo trasladan lentamente desde la casa hasta la cumbre de la colina en una carreta tirada por un par de caballos bayos que el difunto quería mucho, rodeada por quienes estuvieron a su servicio. El acto de la sepultura se sigue con la sencillez característica de los Bell y más de Alexander Graham, sin apologías ni discursos, todo lo llevado a cabo es sincero y sumamente modesto.

Lo único que abarca su ceremonia luctuosa es un Padre Nuestro, dos himnos breves, el Salmo 91, un comentario escrito por el mismo Alexander sobre un poema de Longfellow "Salmo de Vida" y los primeros versos del "Réquiem" del escritor Robert Louis Stevenson: *Bajo el vasto, estrellado cielo / Búscame un lugar silencioso. / Viví feliz, muero con gozo / Y de buen grado me entrego / Al eterno reposo.*

Los restos mortales de Alexander Graham Bell, bajo la pálida luz de la puesta de Sol, son sepultados en el amplio espacio de la "Montaña Hermosa", un promontorio desde el que se dominan los lagos Bras d'Or: la ensenada de oro. Un gran peñasco de granito marca su tumba, visible desde el mar.

Como un homenaje a su creador, a las 18:30 horas de ese día, todas las centrales telefónicas del mundo dejan de funcionar durante un largo y corto minuto, en una paradoja ciertamente sólo creíble por la muerte de Bell, ya que él inventó el teléfono para unir a la gente que está lejana; para que se comuniquen, escuchen y sientan, y por primera vez, ese aparato deja de funcionar para decir también que, aún en el silencio, se pueden decir muchas palabras.